Best Selection 3

大川隆法
初期重要講演集
ベストセレクション③

# 情熱からの出発

Ryuho Okawa
大川隆法

# 大川隆法
# 初期重要講演の軌跡

1989.11.25−1990.4.8

## 第１章

1989年11月25日法話

### 「平静心」

（一宮市民会館）

会場での講演の様子。

「静寂なるときに人間を超えたものを知るということは
きな力となります。大きな幸福となるのです。」(第１章よ

（上）会場には講演を心待ちにする多くの人々が集まった。（左）新刊の書籍等を求めて行列もできた。

「己の使命に目覚めよ。あなたが、『今、何を悟らねばならぬか』を知れ。『何を悟らねばならぬか』が分かったならば、じっとしていられようか。」（第２章より）

第2章

1989年12月17日法話
## 「悟りの極致とは何か」
（両国国技館）

（左）両国国技館に詰めかけた8000人以上の聴衆の前で講演を行った。（下）会場の外には長い待機列ができ、館内ロビーも人々で賑わった。

（上）聴衆で埋め尽くされた会場の様子。
（下）開場を待つ人々の長蛇の列。

第3章

## 1990年3月11日法話
## 「信仰と愛」
（幕張メッセ・イベントホール）

「信仰というものが神へと向かう道であるならば、その信仰が本物であればあるほど、あなたがたの愛は深まり、あなたがたの愛は本物となっていくはずです。」
（第３章より）

## 第4章

1990年3月25日法話

# 「光ある時を生きよ」

（熊本市総合体育館）

「『光り輝く思い』とは、いったい何でしょうか。それは、善念に満ち、『他の人々を幸福にせん』という、強い熱情に満ちた心ではないでしょうか。」（第4章より）

## 第5章

1990年4月8日法話

# 「情熱からの出発」

（郡山ユラックス熱海）

「どうか、『失望』という名の悪魔の楔を打ち返して、『情熱』という楔を悪魔の体に打ち込んでください。」（第5章より）

会場の郡山ユラックス熱海
および講演の様子。

# まえがき

それはもう遠い日の記憶《きおく》のようだ。
夢にさえ、もう見ることはないが、
若き日の大川隆法は、確かにそこにいた。
大会場に集まった群衆《ぐんしゅう》は、今はどうしているのだろうか。
一つ一つの講演が、珠玉《しゅぎょく》の説法《せっぽう》として、ここに甦《よみがえ》る。
立宗《りっしゅう》三～四年で、もう不惜身命《ふしゃくしんみょう》だった。
明日《あす》ある生命《いのち》だとは思っていなかった。
聖書《せいしょ》、仏典《ぶってん》を超《こ》えた言魂《ことだま》が、本書に結晶《けっしょう》している。
イエスの天上の父が、久遠《くおん》の仏陀《ぶっだ》がここにいる。

三十年以上の歳月《さいげつ》の過ぎた今でも、できれば、
この講演を生《なま》で聞いてほしいと思う。
後世《こうせい》への最大遺物《さいだいいぶつ》がここにあると信じる。

二〇二一年　三月二十一日

幸福《こうふく》の科学《かがく》グループ創始者兼総裁《そうししゃけんそうさい》　大川隆法《おおかわりゅうほう》

# 大川隆法　初期重要講演集　ベストセレクション③　目次

# 第1章　平静心

一九八九年十一月二十五日　説法《せっぽう》
愛知県・一宮《いちのみや》市民会館にて

## 第2章 悟《さと》りの極致《きょくち》とは何か

一九八九年十二月十七日 説法
東京都・両国国技館《りょうごくこくぎかん》にて

## 5　悟りの極致へ向かう道とは　104

# 第3章　信仰《しんこう》と愛

一九九〇年三月十一日　説法
千葉県・幕張《まくはり》メッセ・イベントホールにて

# 第4章　光ある時を生きよ

一九九〇年三月二十五日　説法
熊本《くまもと》県・熊本市総合体育館にて

# 第5章　情熱からの出発

一九九〇年四月八日　説法
福島県・郡山《こおりやま》ユラックス熱海《あたみ》にて

# 第1章

# 平静心

一九八九年十一月二十五日　説法《せっぽう》
愛知県・一宮《いちのみや》市民会館にて

## 1　静かなるときに感じる「大きな幸福感」とは

### 人類が長年追い求めてきた「幸福」というテーマを探究する

前回の愛知県での講演会では、「成功理論の新展開」（『大川隆法　初期重要講演集　ベストセレクション②』〔幸福の科学出版刊〕第1章参照）ということで、経済界、政界をも含《ふく》めた大きな成功の理論を説いていったわけですが、今回は、みなさん一人ひとりの心の問題をテーマにしたいと思います。

すなわち、現在、学びを進めているところの各人が、いかなるテーマを担《にな》っていて、そして、今後どのように生きていかねばならないのかという、ごくごく当たり前で、ごくごく基本的な内容からのお話であります。

私たちは、「幸福の科学」という名前で示されるとおり、一言《ひとこと》で言うならば、「幸福」という、人類が長年追い求めてきたテーマを探究しているわけであります。そして、「科学」と題されている理由も、これを単なる小さな世界に閉《と》じ込《こ》めることなく、豊かな世界に、すべての学問の領域に、そして人間の営《いとな》みのなかに、「われらが考え」と「われらが行動」を解き放たんとしているからであります。

それゆえに、私たちの考える幸福というものは、非常に大きな範囲《はんい》を占《し》めていることになります。

しかし、やはり出発点は、一人ひとりの人間ということになります。

さて、みなさんがたお一人おひとりは、どういったときに、幸福を自《みずか》らのものとして実感することができるのでしょうか。それを正直に考えていただきたいと、私は思います。

私たちは、ともすれば外なる価値尺度に縛《しば》られて、自分自身に正直に生きなくなっています。そうして、自分自身が考えていることさえ、他の人から見られることもないのに、いつの間にか、他の人を通して見ているかのごとき考え方をしていることがあります。自分に正直でなくなってきているのです。

なぜ自分に正直でなくなってきているのだろうか。それは、自分自身の心のなかにある物差しで、「自分のものの考え方」「自分の行動の仕方」というものを測る、規律《きりつ》するということは、極《きわ》めて難しいことであるからなのです。

外なる人に、あるいは先輩《せんぱい》とか上司とかいわれる人たちに判断の基準を与《あた》えていただいて、そして考えることは、そう難しいことではありません。しかしながら、自分自身の心のなかに生起するところのこの営みを自分自身で判断するということ、これは難しいことなのです。

そして、その難しさの奥《おく》にあるものとしては、自分自身が幸福な心の状態であるのかどうかすら分からなくなっている、私たちの現在の姿があると思います。

考えてみてください、どういうときに幸福で、どういうときに幸福でないかを。

もちろん、出世したとか成功したとかお金が入ってきたとか、いろいろな条件があるかもしれないけれども、しかし、ちょっと待っていただきたい。それらは、確かに、幸福を感じさせるためのよすがにはなっているかもしれない。一つの引き金になっているかもしれない。自分を納得《なっとく》させる材料になっているかもしれない。

けれども、それは本当に、あなたが幸福になるための必要十分条件でしょうか。そう問われたときに、いや、何か違《ちが》うものがある。「お金」がなくとも「肩書《かたがき》」がなくとも「世の人々の評判」がなくとも、しかし、根本的なところで幸福を感じるときがある。

## 自分の過去を振《ふ》り返り、最も幸福感が強かったときを考えてみる

それがいったいどういうときかというと、それは言葉には表現できないかもしれませんが、体のなかから湧《わ》き上がってくるような思いであると思います。この湧き上がってくるような思いは、いったい何であるのか。

それは、自分の生命というものが、この一日の時間のなかで確かに燃焼《ねんしょう》しているという充実《じゅうじつ》感だと思います。あたかも、十分な酸素を供給されることによって薪《たきぎ》が

見事な赤い炎《ほのお》を上げて燃えるように、私たちは、一日の二十四時間を、自分の生命を燃やし切ったと思えるときに幸福な感じがいたします。

それは、みなさん一人ひとりだけではありません。私自身にとっても、そう思います。過去を振《ふ》り返ってみて、自分のいちばん至福《しふく》のときはいつであったか、最も幸福感が強かったときはいつであったかと考えてみると、他人様《ひと》に説明をして、「なるほど、それなら幸福だろう」と言われるような、そういう結果が出たときでは必ずしもなかった。他の人にその幸福状態を説明するのが極めて難しいような、そういうときに、幸福を感じたことがありました。

それは、日本の古典の文学で言うと、『徒然草《つれづれぐさ》』とか、あるいは『枕草子《まくらのそうし》』とか、そういう文学書がございますが、ああした文学書のなかで、作者が非常に鋭《するど》く季節の一コマ一コマを捉《とら》えて、自分の心を描写《びょうしゃ》していることがあります。それと同じように、その幸福感というものは、あるとき、自分だけの幸福感としてやって来るわけなのです。

そのときの心の状態を説明してしまうと、まず言えることは、非常に静かな状態があったということではないかと思います。自らの内に静かな状態がある。この静かさというのは、何ものにも邪魔《じゃま》されることのない静かさであったと思います。そして、その静かさ自体が一つの力を持って、その静かさを邪魔することを許さない、そうした空間をつくっているように感じました。

これは、私たちが個人個人として生きておりながら、大宇宙と一体になるときでもあると、私は思います。

## 静寂《せいじゃく》に耐《た》えられず、「偉大《いだい》なる幸福」を見失っていないか

現代人は、こうした瞬間《しゅんかん》を持つということが極めて難しくなりました。

なぜかというと、次から次へといろいろな仕事で追いかけられているからです。また、焦《あせ》っているからです。人と人との接触《せっしょく》の度合いも多く、密度の濃《こ》い、そうした環境《かんきょう》のなかで生きているがゆえに、心のなかに静寂《せいじゃく》を求めることができる瞬間が

なくなったのではないでしょうか。

例えば、今日一日を取ってみたとしても、朝から今までの間に、静寂なる思いが、瞬間があったことが、一秒でも二秒でも三秒でも、みなさんにありましたか。「考えもしなかった。もちろん経験もしなかった」という方が多いのではないでしょうか。

いや、今日一日というのは、あまりにも範囲が狭《せま》すぎるだろう。過去一年間と言われたときに、どうであるか。一年間と言われて、その静寂を自分のものにしたときがあっただろうか。

こうしてみると、年末年始であっても、また夏休みのときであっても、その静寂を味わえなかったと思う方は多いでしょう。あまりにも心が外に向き、あまりにも心が忙《いそが》しいもののほうに向いているがために、小刻《こきざ》みに揺《ゆ》れ、この揺れを止めるということができないままに、そうした休みも過ぎているのではないでしょうか。

いや、むしろ、「何もしないでいられない」というのが正直なところではありませんか。みなさんがた、一時間、何もしないでいられますか。いられないでしょう。すぐに新聞を読み始めたり、すぐにテレビのスイッチを入れたり、すぐに他人と話をしたくなったりするはずです。一時間という静寂にさえ耐《た》えられないようになってきているのです。

けれども、私はみなさんに語りたいのです。「それは、みなさん自身が偉大《いだい》なる幸福を見失っている証拠《しょうこ》ですよ」ということを。

## 人間が万物《ばんぶつ》の霊長《れいちょう》として真に味わうことを許されている幸福とは

私たちが幸福を感じるときには「静かなるとき」があるという話をしましたが、「静かなるときに、なぜそういうものを感じるのだろうか」、そう思いますと、この世ならざる聖なるものを感じることがあるからだと思うのです。それは、静かなるときに、私たちの心は解き放たれ、まったくの束縛《そくばく》を離《はな》れているがゆえに、大いなるものを感じやすいのだと思います。

地上を這《は》っていくアリのような存在が私たちであるとするならば、あのアリに、壮大《そうだい》な宇宙のことを語るのは無理でしょう。あのアリに、大宇宙の静寂《しじま》を語ることは難しいでしょう。彼らに幾日《いくにち》の、あるいは幾十日の、あるいは一年以上の寿命《じゅみょう》があるかは、私も定《さだ》かには知りませんが、「同じくこの時を、この地上で生きておりながら、空の星を見ることもなく、太陽を知ることもなく、宇宙を知ることもなく、同時に生きている生物がいるのだな」と思うときに、「彼らが享受《きょうじゅ》することができない幸福を、人間である私たちは味わいうるのだな」ということを、とても素晴《すば》らしいことだと、私は思います。

アリたちは地面を見て生きています。あるいは、目の前の石であるとか食べ物であるとか、そうした極めて小さな世界を見て生きています。

彼らは星を見ることができない。彼らは月を見ることができない。彼らは、湖面を渡《わた》っていくところのあのさわやかな風を見ることができない。湖面に映っているところの月を見ることさえできない。山の端《は》にかかっているあの月を見ることができないでいる。また、夕暮れの素晴らしさを味わうこともないだろう。朝、鳥たちが梢《こずえ》を飛び回り、そして、さえずっている姿を見ることもないであろう。彼らにとっては、「鳥たちは、どこからともなく降りてきて自分たちをついばんでしまう、そうした巨大《きょだい》な怖《こわ》いものである」という以外の認識はないかもしれない。彼らには、鳥のさえずる歌が分からないかもしれない。

けれども、私たちは人間であるゆえをもって、こうした、アリが味わうことができない幸福を味わっています。

それは、私たちが、「目の前にあるものだけを見る」という、そういう習性を持っていないからだと思うのです。私たちの生活空間を超《こ》えたものに心を向けることができるという力を持っているからだと思うのです。

ゆえに、静寂《せいじゃく》なるときに人間を超えたものを知るということは、大きな力となります。大きな幸福となるのです。そうした神秘を感じるということが、人間に許された幸福となっていくわけであるのです。

その幸福は、しかし、どこかで必ず、みなさんは味わったことがあるはずです。どこかで必ず。

山道《やまみち》を登りながら、突如《とつじょ》、視界が開けて見事なパノラマが見えたときに、何を感じましたか。また、途中《とちゅう》で腰《こし》をかけて、そうして一休みをしたときに、咲《さ》いているのを見つけたリンドウの花の笑顔を、どう感じましたか。空気というものがこれほどまでにさわやかであるということを感じた瞬間があったはずです。

空の星、これ一つ取っても、都会の喧騒《けんそう》のなかから見上げたのと、澄《す》み切った山の上で見上げたのでは、まったく別世界のように見えたことでしょう。

そうして瞬《またた》いているところの、ああした星たちが、今現在、私たちが生きているこのときに存在するのかさえ分からないのです。実は、今はもうない星もあるはずなのです。何億光年、何百億光年のその距離《きょり》を超えて伝わってくる光。その光が私たちの目を照らすときに、その星はもうないかもしれない。

今、私たちが感じているところのあの光のなかには、私たちと同じような人類が生きていたかもしれない。その人類の絵巻物は、私たちのところに伝えられる間に、その巻物を閉じてしまっていたかもしれない。もはや存在しない過去の文明が、そこにあるかもしれない。その映像をかすかに感じることはできても、もはやそこにはないかもしれない。

こうした神秘のものを、神秘の思想を感じ取るときに、私は、自分が「自分であって自分でない」という偉大な感覚を受けるのです。これが、人間が万物《ばんぶつ》の霊長《れいちょう》として、幸福を真に味わうことを許されている、その能力ではないかと思うことがあります。

## 2　心を乱す「悩み《なや》」から脱却《だっきゃく》せよ

### 悩みによって心が乱れている状態は、不幸な状態であると知れ

こうした神秘体験だけをお話しすれば、みなさんの現実の感覚とは違《ちが》ってくるかもしれません。でも、もっともっと卑近《ひきん》な例を考えてみてください。一日が終わるときに、どういうときに「今日は幸福に終わったな」と思えますか。非常に消極的な言葉では、「ああ、今日も一日、無事で終わった。大過《たいか》なく、事故もなく、困ったこともなく、他人様《ひと》と喧嘩《けんか》することもなく、無事終わったな」という言い方もあるかもしれません。

そのときに、なぜうれしく思うか。それは、心が乱れなかったという実感があるからだと思うのです。心が乱れなかったということ自体が、私たちのその日の一日

の幸福を保証しているのです。

不幸な人を思い浮《う》かべてみてください。そうした人たちは、必ず悩《なや》みの虜《とりこ》になっています。胸のなかに、必ず悩み事を持っています。そして、悩み事というのは、いつも一つの傾向性《けいこうせい》を秘《ひ》めています。それが何であるかというと、心が割れるということなのです。心が二つか三つかに割れる、あるいは千々《ちぢ》に乱れることもあります。

いずれにしても、一つの結論に達することができない状態が、悩みという状態なのです。

そして、悩みの大部分は、「何らかの結論を出さねばならないにもかかわらず、それに対する十分な判断をするだけの材料がない、知識がない、経験がない」、こういうところから来ております。ほとんどがこういうものであります。

そして、心は苦しいでしょう。長い人は何年も苦しみ続けます。短い人でも、半月や一カ月は苦しみ続けることがあります。

そうしたときのために、今日、私はみなさんにメッセージを述べておきたいのです。

「その状態は幸福な状態ではない」ということを、まず知らなくてはならない。心が千々に乱れて、二つに割れ、三つに割れて、いろいろな方向に引っ張られているという状態自体が、すでに不幸な状態であるということを、まず認識していただきたいのであります。

なぜならば、みなさんはそういう状態においては、決して、先ほど語ったような「この世ならざる神秘的な体験」をすることもできなければ、「自《みず》らの美しさ」を感じることも、「他の人の美しさ」を感じることもできないからなのです。

悩みがいちばんいけないのは、物事が美しく見えないからです。自分自身も他人《たにん》も、いや、自分と他人が共に生きているところのこの世界が、決して美しく見えません。悩みの渦中《かちゅう》においては、世界が歪《ゆが》んで見えます。いびつに見えます。間違って見えます。矛盾《むじゅん》に満ちたように見えます。そして、だからこそ、うれしくありません。楽しくありません。生きていて、やりがいがありません。

まず、みなさんは、「そうした状態がマイナスの状態であって、そこから一日でも早く、一時間でも早く、一分でも早く脱却《だっきゃく》しなければならないのだ」ということを知る必要があります。

## 自分が幸福でない理由を他の人の責任にしていないか

そうして、「幸福というものの定義は、決して、何かを得たというその充足感《じゅうそく》だけにあるのではなくて、今、その心が、自分自身の心が平らかであるということ自体が偉大《いだい》な幸福でもあるのだ」ということを知ったときに、取るべき方法は一つになります。

今、与《あた》えられたその条件の下《もと》に、その環境《かんきょう》の下に、自分の心をどうするかです。それが一つの道であるのです。

環境は、必ずしも、みなさんが願ったとおりにはなりません。そのとおりになるとしても、時間がかかることがあります。今すぐということはありません。しかし、今すぐできることは、どのような環境下にあっても、自分の心を平らかにしていくことです。

そこで、まず、みなさんは一時《ひととき》の幸福を得ることができるでしょう。そして、その静かなる瞬間《しゅんかん》のなかにおいて、また、「世界を、他の人々を祝福できるような自分になっていること」を思い出すことが可能になるでしょう。

悩みの渦中にある人たちは、九十九パーセント、いや百パーセントと言ってよいほど、他の人のことを責めます。悪く言います。悪く思います。口に出さないにしても、必ず「他の人のせいだ」と考えてしまいます。そして苦しんでいます。

けれども、自分が幸福でない理由を他の人の責任にしなければならないほど落ちぶれた状態で、長くは生きていたくないものです。

お互《たが》いにそれぞれの個性を持ってこの地上に生き、そして、素晴《すば》らしい花を咲《さ》かせようと努力している仲間であるはずなのです。

自分の気に入らない色をした花もあるかもしれない。自分の気に入らない形をした花もあるかもしれない。大きさだって、いろいろあるかもしれない。自分が思っていた時期に咲かない花もあるかもしれない。しかし、彼らもみな、花咲かせんとして努力しているわけです。

そういう、努力している同胞《どうほう》たちに対して、たとえその日一日であったとしても、彼らを悪《あ》しく思い、彼らを間違っているように思い、不愉快《ふゆかい》に思い、万《まん》が一《いつ》、彼らの存在を呪《のろ》うようなことでもあったとするならば、それは人間として恥《は》ずかしいことです。

それは、道徳的にいけないということだけではなくて、少なくとも、自分自身の幸福を自分自身の手で壊《こわ》しているという意味においても間違ったことであるのです。

## 3　心の湖面を波立たせないための工夫《くふう》とは

### 心の水鏡《みずかがみ》は、平らかであればこそ世界を正しく映し出す

私はよく言っています。「利己主義者になるならば、真の意味の利己主義者になってほしい」と。

世の中の「利己主義者」といわれる人たちの多くは、自分の利益を求めていながら、本当は自分を害することをいっぱいやっているのです。

人間は、他の人を不幸にしては絶対に幸福になれないのです。ところが、その根本的なことさえ分からないでいるのです。

自分が幸福になりたいがために、他の人を傷つけ、批判し、あるいは堕落《だらく》せしめ、またいろいろな妨害《ぼうがい》をしたり、悩《なや》ませたりするようになりますが、それによっては、

決して幸福になることはないのです。その行為《こうい》が道徳的にいけないからということだけではなくて、自分自身がそれで幸福になることは決してないのです。だからこそ、そういう思いと行いはやめておくべきです。

真の意味で自分を愛するということは、大事なことなのです。真の意味で自分を愛せない人がいっぱいいるのです。

真の意味で愛するということは、どういうことであるか。それは、「自分の心が一日きれいに燃焼《ねんしょう》している、この頂いた生命を燃焼しながら生きているという充足《じゅうそく》感を持って生きていること」なのです。これは大事なことで、各人が護《まも》らなければいけないことなのです。どうしても護らなければいけないことであるのです。

ゆえに、まず、幸福にならんとする人は、自《みずか》らの心のなかに、静かなる湖面のごとき、そうした平らかで光り輝《かがや》く水鏡《みずかがみ》を持っていなくてはなりません。幸福になるためには、それがいつも平らかで光を放っていなくてはなりません。

鏡は、平らかであればこそ、この世の中の姿を見事に映すことができます。しかし、その鏡に亀裂《きれつ》が一本入ったら、どうなるか。私たちはその姿を美しいと思いません。汚《よご》れがついていたらもちろんのことです。それは、磨《みが》かれ、光っているからこそ、美しくも見えるのです。

私たちは、心のなかに鏡を持っています。これを日々磨くという行為は、反省という行為でもありますが、磨くということのみならず、この湖面を決して波立たせないという工夫《くふう》が大事であるのです。波立たせないことです。いつも月が映るような、透明《とうめい》感溢《あふ》れる湖面にしておくことです。凪《な》いだ湖面にしておくことです。「世界」を正しく映すために、「他の人の姿」を正しく映すために、ましてや「自分自身の姿」を正しく映すために、そうした平らかな湖面を持たなくてはなりません。

## 静かな時間のなかで、自分自身を見つめるときを持つ

そのための方法は、一つには、まず「沈黙《ちんもく》の時間」を取ることが大事であります。一日のなかで、静かな時間を取ることです。言葉を発することなく、静かな時間の

なかで、自分自身を見つめるときを持つことです。これは一つの習慣です。しかし、この習慣のなかに幸福というものが芽生《めば》えてきます。

こういう単純な話をすれば、みなさんは笑うかもしれませんが、私自身の幸福感覚が強かったときというものを考えてみますと、以前にも書いたことがあるのですが、夕暮れどきに散歩をしながら、季節の移り変わりを見て歩いているときに、とてつもなく、自分が幸福者《こうふくもの》であることを感じたことが何度も何度もありました。秋の夕暮れどきに感じたときもあるし、また、一月、雪が積もっているなかで、寒梅《かんばい》が見事な赤い花を咲《さ》かせているのを見たときに得た感激もありました。そうしたときに、何とも言えない幸福感というものを味わったことがあります。この幸福感は代えがたいものです。

これは「小恍惚感《しょうこうこうこつ》」ともいいます。英語で「ピーク・エクスペリエンス（Peak experience）」ということもあります。こうした小恍惚感の感覚は、過去、禅《ぜん》などで言われた悟《さと》りの感覚にも極《きわ》めて近いものであります。

そうして、不思議なことに、こうした「恍惚感」「幸福感」というものを得た人が、なぜか、それから後《のち》に、「他の人々のために生きよう」と思うことが多いという事実があるのです。これは、歴史的にそうであるのです。なぜか、そうした至福のときを持った人は「多くの人々のために生きたい」という気持ちが強くなるのです。

おそらくは、その瞬間《しゅんかん》に大宇宙と一体になって、幸福感覚が、自分が大いなるものから愛されているという気持ちが体いっぱいに満ちたために、その幸せな感覚を他の人々にも分け与《あた》えたいと思うようになるのだと、私は解釈《かいしゃく》しています。真に幸福になったことのある人間は、その感覚を少しでも多くの人におすそ分けしたくなる、そういうふうになるものだと感じるのです。

ゆえに、私は、みなさんがたに特殊《とくしゅ》なことをお願いしようとは思いません。この心を、湖面のごとく凪いだ、鏡のような姿にしてほしい。そして、それを保つことが喜びであるということを知ってほしい。

## 自《みず》らの向上を願い、幸福を願う者は、動物的に怒《いか》ってはならない

人間は、他の人を不幸にする権利はありません。それは、自分自身の立場に立ってみるとするならば、「他の人の行為によって不幸にされる必要もない」ということなのです。

自《みず》らの幸・不幸は、自ら自身が決めていけばよいことです。その湖面の輝きをあくまでも護り続けるという姿勢は、自然自然に、周りに対する態度を変えていくようになるでしょう。

小さなことで腹を立てるようであっては、とうてい、その心のなかの澄《す》み切った面を維持《いじ》することはできません。「怒《いか》るなかれ」と言いますが、それは決して道徳的にだけ言っているのではないのです。怒ることによって、この湖面は波立ちます。そして、不愉快《ふゆかい》になるのは自分自身であるのです。自分自身の幸福を阻害《そがい》しているのです。

怒りを発するときには、自分自身が不当に扱《あつか》われたと思って、その不幸感覚ゆえに、「もっと幸福な自分でなければならない」と思って怒りを発するのでしょうが、その結果、自分自身のいちばん大事なものを失っているのです。

ですから、自己保存の怒りが込《こ》み上げてくるようなことがあったとしても、いったん踏《ふ》みとどまっていただきたい。心のなかの湖面を、もう一度見ていただきたいのです。「自分は今、いちばん大事なものを失おうとしているのではないか」ということを知っていただきたいのです。

自己保存の怒りを発した瞬間、人は、断崖絶壁《だんがいぜっぺき》に自分の足がかかっていることを知らねばなりません。それを発したときに、悲しいかな、今まで、ここまで登ってきた山から、崖《がけ》から、一歩下の谷に落ちてしまうのです。一歩下はもう谷です。千《せん》尋《じん》の谷に落ちてしまうことになってしまうのです。

ゆえに、自らの向上を願い、そして幸福を願う者は、決して動物的に怒ってはなりません。

またしかし、みなさんがたには疑問があるでしょう。「世の中は理不尽《りふじん》なことに満ち満ちている。間違《まちが》ったことが横行し続けている。また、他人《ひと》から誤解を受けることさえあるではないか。このままでは、誤解されたままでは、甚大《じんだい》な被害《ひがい》が出る」と思われることもあるでしょう。

確かに、それも一理《いちり》あることだと私は思います。怒りにも私憤《しふん》と公憤《こうふん》とがあり、私がここで避《さ》けるべきだと言っているのは私憤のほうだからです。理性と正義に照らし、積極的悪を押《お》しとどめ、理想社会建設をするための公的な怒りは、必要なものだからです。その際には、「冷静さ」と「相手に間違いを気づかせることも愛なのだ」という視点を、きちんと持っていることです。「怒る」のではなく「叱《しか》る」のだと区別することです。心の平静さは、決して失われることはないでしょう。

けれども、世の中には、「直接的な責任」と「間接的な責任」というものがあります。

自分が直接的な原因となって起きたことについて、他の人から批判を受けるということはあるでしょう。これは、自分自身が真正面から捉《とら》えなければいけないことで、逃《に》げることはできません。自分が原因で起きたことに対しては、やはり受け止めなければなりません。

しかし、これ以外に間接的な責任というものも非常に多くあるのです。それは、注意不足であったり、努力不足であったり、広い意味においては、自らの人格の力の弱さであったり、徳力の弱さであったりすることがあるのです。日ごろ、多くの人々の面倒《めんどう》を見ることができなかった、彼らの幸福のために時間を費《つい》やせなかった、そのツケが回ってきていることだってあるのです。

そういうふうに、自分が誤解を受けて苦しいときには、直接的な責任、間接的な責任ということを考えて、間接的な責任のなかにも、やはり自分自身、反省するべきことがあるのかどうかを考えてみることです。

〝池のなかに石が投げ込まれてきた〟と思ったならば、波立たせないように努力をすることです。それを小さく受け止めることです。小さく小さく受け止めていくことです。そして冷静になることです。憎《にく》しみの言葉に対しては、ときに沈黙が必要となることもあるでしょう。

## 「われ必ずしも真ならず、彼必ずしも偽《ぎ》ならず」と心に留《と》める

そして、同じ人間でありながら、「こんな人は許せない」と思うような人であっても、「考えてみれば、その人にも父や母はいたはずだ。その人にも愛《いと》しい子供がいるかもしれないのだ。その人だって友人はいるはずなのだ。彼を是《よ》しと見る人、素晴《すば》らしいと見る人だっているはずなのだ。その人を、その全人格を否定しようとしている今、自分は大変な間違いを犯《おか》そうとしているのかもしれない」と考えていただきたいのです。

「われ必ずしも真ならず。彼必ずしも偽《ぎ》ならず、悪ならず」ということを、心のどこかに留《と》めていただきたいのです。それが「寛容《かんよう》」ということだと思うのです。

「寛容の美徳」は、これも決して道徳的なるものだけではありません。それで他

の人が喜ぶからということだけではありません。寛容の美徳には、自らの心の湖面に波を立たせないという美徳があるのです。これは幸せなのです。寛容さを発揮することによって、この幸福な状態を続けることができるのです。

自らも完全な人間ではありません。ゆえに、他の人もそうでしょう。「その人の長所と交われば悪人はいない」と言うではありませんか。怒りの瞬間に、相手の長所を思い出すことができるでしょうか。その人の優《すぐ》れたところを考えることができるでしょうか。できないでしょう。

私たちは、この「平静心」を学んだならば、かりそめにも、短気を起こして他の人の全人格を否定するようなことだけは慎《つつし》まねばならない。私はそう思います。

誤解は、いつかは解けていくものです。

また、仏教でも「恨《うら》み心で恨みは解けない」と言うではありませんか。

ですから、まず、自らが恨みを受けたと思っても、それを恨んではならない。それを解くものは「愛」である。その恨み心を解くものは、絶えず熱や光を与える、あの太陽のごとき「慈愛《じあい》」である。私はそう思うのであります。

## 時間に耐《た》え、「敵」に見える人でも変わっていく可能性に賭《か》ける

ゆえに、ここで私は、みなさんに「平静心」を語るに当たって極めて大事なことを一つ申し上げておきたいのです。それは、「忍耐《にんたい》」ということなのです。「忍耐」ということは、「時間を耐《た》える」ということなのです。

たいていの苦しみや間違いは、短い時間の間ですべての結論を出そうとするところに始まっています。

しかし、私たちは長い時間を生きています。今は「敵」だと見えた人であっても、一年後に友人になっていないとは限らないのです。その可能性にやはり賭《か》けなければいけない。その可能性に賭ければこそ、「今、耐える」ということは必要なのです。

人は変わってきます。そういうものなのです。

世の中を善と悪とに分け、善人と悪人に分ける傾向《けいこう》があったならば、どうか気をつけていただきたいのです。確かに、悪なるものも見えるように思うかもしれないし、もしここで自分がその人に「悪人」というレッテルを貼《は》ったならば、それで結論は出るかもしれない。自分の気持ちは済むかもしれない。けれども、その人と自分が、今後親しくなっていく可能性はなくなっていくでしょう。それは、大きな宝物を捨てたということにもなるのではないでしょうか。

一生の間で、巡《めぐ》り会える人は数に限りがあります。どれほど顔の広い人であっても、巡り会える人は数少ないのです。政治家のように全国各地を遊説《ゆうぜい》して回ったとしても、しかし、腹を割って話ができる人はそう多くは持っていないでしょう。私はそう思います。

むしろ、感情的な軋轢《あつれき》があって、お互《たが》いの人格と人格がぶつかり合うような人というのは、ある意味において大きな縁《えん》でつながっていることがあります。自分自身の魂《たましい》の修行《しゅぎょう》にとって、どうしても必要な人が出てきている場合であることが多いのです。

そうであるならば、「この世に偶然《ぐうぜん》なるものはない」という観点に立つとするならば、その縁を大事にしなくてはならない。「今、相手が言っていることは、自分に何か教えようとしているのかもしれない。自分の足りないところを何か言おうとしているのかもしれない」、そう思うことが大事である。私はそう思います。

人間は聖人君子《せいじんくんし》ではありませんから、そうした自分にとって悩みになるような人と会って、その人をすぐ許すということは難しいでしょう。

けれども、一つヒントを与えておきたいのです。

その人に時間をあげるということは、できるのではないでしょうか。

宇宙は、すべて進化の過程にあります。同じ時代に生きている人間であっても、それぞれの魂の進歩の速度は違います。自分が今こうしたことを知っているとしても、相手が今その段階において同じことを知っていなければならない理由はないのです。その姿は、十年前の自分の姿であるかもしれないのです。あるいは、三年後の自分の姿であるのかもしれないのです。それぞれの人は、それぞれの人の固有の時間を生きているのです。

「時間が与えられたときに、この人は何かのきっかけでよくなっていくかもしれない。いや、今遭遇《そうぐう》しているところの私自身と会うことによって、この人は変わることがあるかもしれない」、そう感じたときに、その可能性に賭けたいという気持ちがないならば嘘《うそ》だと思います。

## 言葉で相手を傷つけたと思うなら、そのときに素直《すなお》にお詫《わ》びをする

さて、自分が相手を言葉によって傷つけたと思うなら、その反応がすぐ出るでしょう。相手の顔に、目に、必ず出るでしょう。ですから、もし相手の湖面を波立たせたと思ったら、そのときに素直《すなお》にお詫《わ》びをすることです。

たとえ言った内容自体が正しくて、確かに相手のためになることであったとしても、その言葉によって相手の心がかき乱されたのであるならば、その言葉を発した

こと自体を詫びていただきたいのです。激しい言葉を発したことを、傷つけることを言ったことを。そして言葉を補《おぎな》っていただきたいのです。「自分の真意はこういうことであった」ということを必ず言ってほしいのです、時間を空《あ》けることなく、そのときにすぐ、その人の心が静まるように。

## 念《おも》いによって、言葉によって、相手の心の波立ちを静める

もし、暗いことばかりで心がいっぱいで、悩み事ばかりで、あるいは愚痴《ぐち》や不平不満でいっぱいの人と会ったとしても、そうした人たちにも、心を平らかにするという幸福を与えてあげたいものです。

ゆえに、こうした人たちが何ゆえに心が波立っているかを見抜《みぬ》いていただきたいのです。さすれば、必ずその原因があります。何か心配事があるはずです。不安なことがあるはずなのです。その不安の芽を取ってあげることが大事です。

もし自分にそれだけの力がないとしても、「言葉」には、「念《おも》い」には、必ずや力

があります。

自分の健康の不安ばかりを口にする方だっているでしょう。そんな人と会ったら、気をつけないと、自分の湖面が揺《ゆ》れるように思うこともあるでしょう。

ただ、自分自身の心の湖面を護ることのみならず、「ああ、この人は、健康問題の不安で悩んでいるんだな」と思ったときに、なぜ勇気づけようとしませんか。なぜ、その人が幸福になるような言葉をかけようとしませんか。自分が一日のうちに何らかの縁があって出会った人について、どうして「その人の心の波立ちを静めるようにできないのだろうか」と考えてみないのでしょうか。

できるはずです、必ず。必ずできます。念いによって、言葉によって――。

人は一瞬で変わってしまうのです。ごく単純なことです。

人の心というのは、小さなことでも揺れるものであります。

さすれば、私たちは、自分が〝石を受けている〟だけではなく、〝投げる〟存在でもあるということを知ったならば、決して他の人々の幸福を害することがないような生き方をしたいものです。そう思い続けるということは、人間としての聖なる義務であると思うのです。私はそう思います。

ごくごく単純な話をしていますが、心の平安を、平静を保つということは、これは現代人にとって極めて大事な大事な課題であるのです。たったこれだけのことができない人が、何百万人、何千万人もいるのです。

悩みの渦中《かちゅう》にあるという人に、「あなたは心が穏《おだ》やかですか」と問うてみてください。「穏やかではありません」と言うでしょう。「その原因は」と訊《き》いたならば、幾《いく》つかの原因を言われるでしょう。「確かに原因があることは分かりました。しかし、原因を取り除かなければ、本当に穏やかになりませんか」と問い続けるならば、いや、そうでもないことが分かってくるでしょう。

その原因は、時間をかけて取り除くこともできるかもしれないし、あるいは取り除けないかもしれない。

けれども、少なくとも、今波立っている心を治めることはできるはずです。

## 4　心を平らかにする実践《じっせん》を通し、偉大《いだい》な人格をつくる

今日は、単純な話からやってまいりました。難しく理論的に語れば、いろいろな方法があります。八正道《はっしょうどう》の話や六波羅蜜多《ろくはらみた》の話もできます。いろいろな話し方がありますが、いちばん簡単な方法を言いました。

反省の基準は、「自《みずか》らの心が波立っていないかどうかを、いつも点検すること」です。これは自分で分かります。穏《おだ》やかな心になっていることです。一日中、あるいは一日のうちに乱れたときがあったならば、それをすぐ穏やかに戻《もど》そうと努力することです。そして、一日が穏やかであった日が続いたならば、小春日和《こはるびより》のような日が続いたならば、あなたは幸福であったのです。

そうして、「他の人にも、そういう状態をあげたい」と願うことが、さらに自己

拡大になり、また自分の幸福を広げていくことにもなっていくということなのです。今日は、極《きわ》めて分かりやすい話をしたつもりです。この一点を、「心を平らかにする」ということの一点を、今日は持って帰ってください。

そして、だんだんだんだん、「それは大変なことなのだな」ということが分かってくるようになります。この「心を平らかにする」という、それだけのこと、これを続けていくだけで、いつの間にか偉大《いだい》な人格に自分が変わっていくことを知るでしょう。

そして、私が言っていることの意味が、あるいは八十数冊の書物（説法《せっぽう》当時）で言い続けていることとの意味が、必ずやその一点のなかに集約されて見いだされるでしょう。「私が何を言い続けてきたのか」ということ、それが自分の実践《じっせん》を通して分かるようになってくる。私はそう確信します。

ありがとうございました。

# 第2章

# 悟《さと》りの極致《きょくち》とは何か

一九八九年十二月十七日　説法《せっぽう》
東京都・両国国技館《りょうごくこくぎかん》にて

# 1 「黎明《れいめい》の時代」が始まろうとしている

## 悟《さと》りの道は安直ではなく、実に厳しいものである

さて、振《ふ》り返ってみますと、本年（一九八九年）は、一月に幸福の科学の研修ホールにて行《おこな》った「真説《しんせつ》・八正道《はっしょうどう》」の連続講義を皮切りに、おそらく、演壇《えんだん》に上《のぼ》ることと七十回近くになると思います。嵐《あらし》のごとく過ぎてきたような、そういう感じがあります。

けれども、私たちは知っています。本当の始まりは来年からであるということを。これからが、いよいよ、私たちのスタートの地点であるということを。

私たちは、本当のスタートを切るために、今まで三年間、

『真説・八正道』（幸福の科学出版刊）

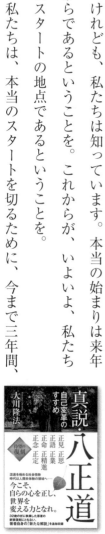

孜々《しし》として学習に励《はげ》み、そうして、基礎《きそ》づくりをしてきたのではないでしょうか。

私はよく、みなさんに申し上げました。

「広げることよりも、抑《おさ》えることのほうがむしろ難しい」と。

「走ることよりも、待つことのほうがむしろ難しい」と。

「戦うことよりも、耐《た》えることのほうがむしろ難しい」と。

そして、そうした考えはいったいどこから出ているのかというと、ただ一つの考えから出ているのであります。

それは、この数十年の人生というものを、このすべてを、この数十年の最後の日まで勝利を続けていくために、どうしても必要な心掛《こころが》けであるからなのです。

待つこと久しい者には、やがて輝《かがや》きの日が来るのであります。

伏《ふ》すこと久しい者には、必ずや飛翔《ひしょう》のときが来るのであります。

悟《さと》りという言葉においても、同じことが言えるのであります。

繰《く》り返し繰り返し、何度も何度も、私はみなさんに呼びかけました。

「安直に悟ろうと思うな」と。

「そんな生易《なまやさ》しいものだと思うな」と。

「この道は実に厳しいものである」と。

「引き返せるものならば、早く引き返してほしい」と。

「いったん、この道に入った以上、この急傾斜《きゅうけいしゃ》の坂道を上り始めた以上、引き返すことは難しくなる。だから、引き返すなら今だ」と、申し上げました。

ゆえにこそ、「幸福の科学に入られるということにも、それだけの覚悟《かくご》をしていただきたい」とも申し上げました。

## 入会試験で試《ため》したのは「内容」ではなく「覚悟《かくご》」

日本の歴史が始まって以来、初めて、こうした団体で入会試験というものを始めました（説法《せっぽう》当時）。

それは、「内容」を試《ため》しているのではありません。「覚悟《かくご》」を試しているのです。

それだけ真剣《しんけん》に求めているかどうかを試しているのです。生半可《なまはんか》な気持ちで、冷やかし半分で来てほしくないという気持ちです。

なぜならば、私たちがもはや己《おのれ》一人の幸福のために生きることが許されない時代になっているからなのであります。

みなさんは、活字で、言葉で、これから来る時代が危機の時代であるということを、読み、聞いたことはあるでしょう。

しかしながら、本当に今という時代が、いったいいかなるものを指し示しているかを知っている人は、実感している人は、この八千人のなかに一人としていないのであります。

私はそれを感じるのであります。

みなさんの前に立って、「おぼろげながら、この感覚は分かってはいるのであろうが、しかし、真実、分かってはいない」ということを感じるのであります。

感じるのであります。伝わってくるのであります。
まだ分かっていないのであります。
こうしたところで座《すわ》っているときに、
それらしきものを感じ取ることはできるが、
しかし、自宅に帰ってもみよ。
また、朝、目を覚ましてもみよ。
夢幻《ゆめまぼろし》のごとく思ってはいないだろうか。
そう思うのであります。
いや、それが実感だろうと思います。

## 危機の予言を打ち砕《くだ》くために、今、立ち上がっている

私たちが生きている世界は、目に見える世界だけではないのです。
みなさんが信じようと信じざるとにかかわらず、みなさんの目に見えない世界に

おいて、大きなことは時々刻々に進んでいるのであります。

それは、今このときに、人類は「大きな危機」と同時に、「新時代への希望の門出《かどで》」に立っているということなのです。

この本当の意味が、あなたがたに分かるだろうか。

「目に見えぬ世界で、今起きつつあること」が、いったい何であるかということが、本当に分かっているであろうか。

私は『仏陀再誕《ぶっださいたん》』という本を先月に出しました。

そのなかで語りました。

私たちが出る時代は、いつも暗雲たなびく時代であると。

そうして、そういう時代であるからこそ、また、未来への希望があるということを。

同時に、「黎明《れいめい》の時代」が始まろうとしているということを、私は告げました。

『仏陀再誕』(幸福の科学出版刊)

そうなのです。

その感覚が分からなければ、今、集《つど》っている意味はないと言ってよいのであります。

こうしているうちにも、私はそうした時代に生きていることを、自分自身が一瞬《いっしゅん》たりとも忘れることがあってはならないと、深く深く感じるものがあります。それは大きな使命なのです。

過去、みなさんがたは幾転生《いくてんしょう》したかは数え切れないでありましょうが、それにしても、これほどの時代に出るということはないということなのです。

私は、決して、危機の予言者として現れたわけではありません。

人類の危機のみを予言するために、みなさんがたの前に立ちはだかるところの不幸の予言をするために、来たわけではありません。

そうしたものが予想されればされるほど、そうした危機の時代を切り拓《ひら》き、暗雲を吹《ふ》き払《はら》い、未曾有《みぞう》の人類の苦しみを消し去るために、今、立ち上がっているのであります。

危機の予言を、むしろこれを打ち砕《くだ》くために、危機の予言を外れさせるために、闇《やみ》のなかに希望を灯《とも》すために――。

「夜が来る」ということを言いたいのではない。

「夜が来ても、そのなかに光を灯す」と、「必ずや真理の光を灯す」と。

「世界が闇に没《ぼっ》するときに、光はそのときこそ必要なのだ」と。

それを言いに来た。

いや、言いに来ただけではない。

まさに、「私たち一人ひとりが一本のロウソクとなって、そうした仕事をせねばならん時代にある」ということを言いに来た。

告げに来た。

告げに来ただけではない。

一本のロウソクとならずして、今世《こんぜ》、地上を去ることは許さない。
そう言いに来たのであります。

## 2　偉大《いだい》なる魂《たましい》に目覚めよ

### 一人ひとりの力は有限だが、力を糾合《きゅうごう》してうねりを起こせ

われらは、個人の悟《さと》りのもとにおいて、
大いなる調和というものを求めています。
しかし、その調和は、弱き調和ではない。
争いを避《さ》けるためだけの調和でもない。
この調和は、われわれが、いや、私たち一人ひとりが、
もっと強くなるために必要なものであるのです。
私たちは、そうした時代に生きている以上、
そうした時代に生きている私たちである以上、

無駄《むだ》なことのために時間を費《つい》やすことはできない。
無駄な思いのために時間を費やすことはできない。
つまらない悩《なや》み事のために時間を費やすことはできない。

われらは、人間として肉体に宿る以上、その力は有限かもしれぬ。
しかし、有限と有限を合わせたものは、有限とはならない。
その有限の力が、
有限の力と有限の力が次から次へと集まってきたものは、
それは無限に向かっての、大きなうねりになっていくということなのです。
数学では、一足す一は二になるであろう。
しかし、私たちの心の世界においては、一足す一は二にならない。
二足す二は四にならない。
心の世界においては、

この想念の世界においては、
この神の栄光の世界においては、
人と人の結びつきは、すべて掛《か》け算となっていく。
大きなものとなっていく。
いや、それ以上のものとなっていくであろう。
私はそう思うのです。

一人ひとりの力を見るならば、限られたものでしょう。
与《あた》えられた体力も、与えられた知力も、
与えられた時間も、与えられた経済力も、有限のように思うでしょう。
しかし、今日知ってほしい。
有限のものは、ただ一人あるとき、
有限のまま朽《く》ち果てるかもしれぬが、

二人にて、三人にて、
いや、それ以上の力を糾合《きゅうごう》してうねりを起こすとき、
そこに無限なるものが始まるということを、
有限と有限が集まり合って、
無限なるものが始まるということを、
知らなくてはならない。

なぜならば、
今から二千六百年前に、インドの地で仏陀《ぶっだ》が説いた仏法《ぶっぽう》は、
その後どうなったか。
インドを経《へ》、チベットを経、中国に至り、そして日本に流れてきたではないか。
それだけの年数、
いったいどれだけの人々の心に、火を灯《とも》し続けたか分かるであろうか。

いや、その火は今も消えていない。
いや、今を盛《さか》りに、また燃え始めていると言ってもよいであろう。
このように、それぞれの歴史のなかで、
多くの人が生まれ死に、生まれ死に、連綿として生きてきた力は、
その思いは、そのエネルギーは、その愛は、
いまだかつて地上から消え去ったことはない。
今後も消え去ることはないであろう。
私は、この無限なるものを、
さらに偉大《いだい》なるものとするために、
今また、あなたがたの前に立っている。

**自分自身の心のなかに潜《ひそ》む「偉大《いだい》な力」を知り、解き放て**

あなたがたは知らなくてはならない。

あなたがたは知らなくてはならない――。
あなたがた一人ひとりの心のなかに潜《ひそ》むところの、その偉大《いだい》な力に。
自分自身、生まれ落ちてから数十年間、
心のなかにつくってきたところの汚《よご》れ、曇《くも》りによって、
どれほど自分の尊さというものを忘れ去っているか、
それが分かるだろうか。
もっと偉大な魂《たましい》であるということに、なぜ目覚めないのだろうか。
惜《お》しいではないか。
それだけのものが、今、与えられているというのに、
自分自身がそれだけの光を有しているというのに、
この光を解き放つことができないがままに、
数十年の人生を終えてしまうということは、
どう考えても考えても、残念なことだと思えないだろうか。

一人ひとりの心の奥《おく》には、輝《かがや》けるダイヤモンドがあるというのに、
何ゆえに、そのダイヤモンドをガラス細工《ざいく》だと思うのか。
私が、あなたがた一人ひとりは神仏の子であると言うのに、
あなたがた一人ひとりがダイヤモンドであると言うのに、
なぜそれを嘲笑《あざわら》う。
なぜそれをバカバカしいと思う。
なぜそれを、そんなつまらない話だと思うのか。
みなさんがた自身が、真実、価値ある存在であり、
価値ある存在が価値ある存在として己《おのれ》を輝かせるのに、
なぜためらう。
なぜ怯《ひる》む。
なぜそれを恥《は》ずかしいことだと思うのか。

私はあなたがたに言う。
人間として生きていくための第一歩は、
「己の存在がいったい何者であるか」を気づくところにあるのです。
「己の存在が何者であるか」に気づくことなくして、
今世《こんぜ》を終えたとするならば、
あなたがたは虚《むな》しく生きたということになる。
両手にいっぱい持っていたところの金銀財宝を、
ドブのなかに捨ててしまったことになる。
そんなバカなことを、なぜしようとするのか。

**他人《たにん》や環境《かんきょう》のせいにせず、己《おのれ》自身の責任で生きることができるか**

まだ、「信じない」というだけなら許されるかもしれない。
もっと愚《おろ》かな人たちが、今の世の中には満ち満ちている。どのような人たちであるか、あなたがたも想像はつくであろう。
そうです。真実の生き方に目覚めた人たちに対して、彼らを嘲笑《ちょうしょう》し、嘲笑《あざわら》い、自分だけの値打ちを下げるのみならず、他の多くの人々を迷いの淵《ふち》に引っ張っていく人たちがいるということなのです。

その誘惑《ゆうわく》は、
この地上に肉体を持って生きている以上、
とてつもなく大きなもののように思われるかもしれない。
しかし、そのときに踏《ふ》みとどまって考えよ。
踏みとどまって考えよ。
自分というものの尊さは、
そうした人たち一人や二人の、あるいはそれ以上の人数がいたとしても、
そうした人たちの言説によって揺《ゆ》り動かされるような、

そんなちっぽけなものであったのだろうか。
自分が自覚したところの、その心の尊さは、
そんなちっぽけなものであったのだろうか。
そんな頼《たよ》りないものであったのだろうか。
むしろ、己《おのれ》自身の自覚がいかに小さなものであったか、
いかに弱いものであったか、
そこに問題があるということなのだ。

ゆえに、真理の道にいったん入った者は、
たとえいかなる状況《じょうきょう》が自《みずか》らの周りに降ってこようとも、
たとえいかなる環境《かんきょう》が己を待ち構えていたとしても、
それを言い訳にしてはならない。
そうした環境は、すべて己自身の心の弱さに起因するのである。

己の弱さは、己自身の責任によって生じているのである。
そのとき、あなたがた自身のその決意が、その自覚が、
本物であるかどうかを試《ため》されているのだと思わなければならない。
他人《たにん》のせいや環境のせいにすることなく、
「己自身の責任」と思って人生行路を生きていくことができるかどうかを、
今、試されているのだと思わなくてはならない。

## 3　自分に対して厳しく律する

### 自分の人生に責任を取ることが勝利への第一歩

今日は、「悟《さと》り」の話をするわけでありますが、
言葉を換《か》えれば、「悟り」とは、
われらが霊的《れいてき》に目覚めることが困難であるところのこの地上において、
勝利していくための道であるということだ。
「勝利への道」が「悟りへの道」であるということなのだ。
この地上において勝利するためには、
まず自《みずか》らが、自ら自身が、
自らの人生の舵《かじ》を取っているということを知らなくてはならない。

自らが自らの人生に対して責任を持っているということを、
知らなくてはならない。
誰《だれ》のせいでもない。
自分自身が、過去数十年生きてきて、
こういう人生を築いてきたのであるということを認めなくてはならない。
潔《いさぎよ》く認めなくてはならない。
自分の人生に責任を取るということが、
勝利者への第一歩であるということを知らなくてはならない。
勝利への一歩であるということを知らなくてはならない。

さあ、八千人の人々よ、
胸に手を当てて考えよ。
己《おのれ》自身の人生に、どれだけの責任が取れるかを。

現在ただいまの自分のあり方に不満もあろう。
不運であったという思いだってあるだろう。
いまだ幸福は得ていないという思いもあるだろう。
中ぐらいの幸福を得たという人もいるであろう。
しかし、過去の数十年を振《ふ》り返ってみて、
それらすべてを、わが心の所現《しょげん》だとして、
わが心の現れだとして受け止め、
そして、今日一日を閉《と》じ、
明日《あす》からの生き方を決定していける人がどれだけいるか。
そう思ったときに、自らの弱さに涙《なみだ》が流れるであろう。
それでよい。
それでこそ、勝利するための第一歩が始まったと言えるのだ。

あなたがたは自分に対して厳しく律してゆかねばならない。
甘《あま》い心で生きてはならない。
人間は、自ら幸福を求めるように創られているが、
この幸福の内容を、この幸福の質を、
ともすれば間違《まちが》った方向に捉《とら》えていくことが多いのだ。
間違った方向とは何であるか。
それは、自分自身を甘やかす方向に、自分自身が楽な方向に流れていくことだ。
しかし、何度も何度も繰《く》り返して言っておこう。
そうした生き方は、一時期、あなたがたを幸福にすることもあるであろう。
現に、そうした自らを甘やかす思いにおいて、
幸福感を今味わっている者もいるであろう。
けれども、私は言っておく。
そういう幸福は陽炎《かげろう》のごときものであるということを。

朝日が昇《のぼ》ったときに解けてしまうところの霜《しも》のような、
はかない幸福であるということを。
己の心に厳しくありなさい。
己の人生に対して責任を持ちなさい。
そこからすべてが始まってゆくのです。

## 過去に積み重ねてきた「思い」が自分の心の状態をつくっている

みなさんが現在、不幸であるのは、
神のせいでも、みなさんの守護霊《しゅごれい》のせいでも、
親やきょうだいや友人たちのせいでもありません。
その心の状態をつくっているのは、
日々一瞬《いっしゅん》一瞬に、自分が選択《せんたく》しているところの、
その「思い」にあるのです。

その「思いの積み重ね」にこそあったのです。
思いが積み重ね積み重ねして、
現在の心境というものはできてきたのです。
それがあなたであるのです。
あなた自身であるのです。
「あなた自身が何者であるか」を知りたくば、
過去の事実だけを見る必要はない。
過去の「思い」を見れば、それが「すべて」であるのです！

そして、今から何年か何十年か後《のち》には、
ここにいるところの八千人の人々は、
すべて地上を去ることになるわけでありますが、
そのときに、地上を去ったそのときに、

「自らが何者であるか」を知る手立ては、
自ら自身の、この地上での人生の、姿そのものの回顧《かいこ》にあるということです。
姿というのは、言葉は十分ではない。
みなさん自身の「思いの連鎖《れんさ》」が、そこに示されるのです。
スクリーンに、映像に、
外面《がいめん》だけではない、
思いが、考えていたことが、
その人となりが出てくるのです。
外見は、写真に撮《と》れば、どの人も立派な身なりをしておりますが、
心の映像を、数十年の心の映像を映されたら、
どういうふうになるか分かりますか。
「それは自分ではない」と、
みなさんがたは言うのです。

「そんなはずではない」と言うのです。
なぜならば、
間違った思いや醜《みにく》い思いを持って生きている人は、
その姿が、そういう姿に映るからなのです。
みなさんは「これは違う」と言うでしょう。
「自分に似ているが別人だ」と言うでしょう。
いや、しかし、それがあなた自身であったのです。
あなた自身であることを突《つ》き止めたくば、
心のなかに去来《きょらい》し続けてきたものを点検してみてください。
そうすれば、その映像があなた自身であったことを、
否定はできないはずです。

## 神の心でもって自分自身の正しき姿を見つめ、己《おのれ》に厳しくあれ

自分が、自分自身の真なる姿が、
いかなるものであったかを知らなかったというその責任は、
己《おのれ》自身にあったということなのです。
他人《たにん》にはない。
自分の姿を誤ったふうに捉えていたのは、己自身の目ではなかったか。
そういう見方をしないために、
「正しく見る」ということを教えられているのではないのか。
八正道《はっしょうどう》のなかには、「正見《しょうけん》」というものが入っているはずです。
「正しく見る」と書いてある。これが最初です。
目に映るものを、目に映ったものとして感じ取ることは簡単です。

しかし、それでは正しく見たことにならない。
「正しく見る」とは、神の心でもって、
己《おの》が姿を、他人の姿を、
そして、この世界の姿を映してみるということなのです。
違ったふうに見ているはずだ。
何が違っているのか、それを見抜《みぬ》かなくてはならない。
それが、ただいまできないと言うならば、
やがて必ず、数年後、数十年後に、
自分自身が「これが自分ではない」というその言葉を撤回《てっかい》するまで、
見せられる事実となって現れてくるのです。
それがあなた自身なのです。
あなたがた自身なのです。

今、現在ただいま、生きておりながら、生きている最中《さいちゅう》に、
自分自身の正しき姿を見つめることなくば、
必ずやその点、必ずやそのところを繰り返さざるをえなくなるのです。
私たちはそんな、過《あやま》ちを重ね、借金の多いような生き方をしたくはありません。
そうではありませんか。
せっかく人間として生まれて、
立派な人生を生きようとしているのに、
その人生を閉じるところまで、
自分自身の真なる姿が分からなかったというような、
そんな生き方をしたくありません。
そうではないでしょうか。

ならば、今、現在ただいまにおいて、己に厳しくあれ。

人間は、どうしても自分に甘くなるのです。
己に甘く、他人に対しては非常に冷酷《れいこく》な、残忍《ざんにん》な、
そういうものの考え方をするのです。
なぜならば、自分自身が苦しむのは、
自分の感覚として分かるのだけれども、
他人様が苦しんでも、ちっとも感じないからです。
自分のことだと思わない。他人事《ひとごと》だと思うからです。
しかし、他人の心を自分の心と同じように感じるようにならなければ、
「神の子」とは言えないのです。

## 4　大いなる使命のために花咲《さ》かせる時期が来た

### すべての人は偉大《いだい》なる神から分かれた魂《たましい》のきょうだいである

私たちは、何度も何度も教えのなかで言っておりますように、今から数億年以上の昔に偉大《いだい》なる神の魂《たましい》が分かれて、そうして地球、あるいは地球によく似た人類の生存に適する環境《かんきょう》において魂修行《しゅぎょう》をし、宇宙に「繁栄《はんえい》」と「進歩」をもたらすために命を持ったのです。各人が転生《てんしょう》を繰《く》り返すことにより個性を持ち、個性の数だけの幸福を味わえるように、そのように創られたのです。

そういう「偉大なる出発点」があったのです。

一人ひとりの人間は、姿形《すがたかたち》は違《ちが》うかもしれないが、その根っこにおいて、その創造において、その創られたるところにおいて、一つであったのです。見ている姿は

「他人《たにん》」ではなく、「自分自身」であるということを。かつて自分自身と同じものであったものが、個性を経《へ》、経験を経、歴史を経て違ったふうに現れているが、これらはすべて自分自身の姿であったということに気がつかねばならないのです。

「魂のきょうだい」ということも聞いたことがあるでしょう。

「人間の魂は一人だけでできているのではない。一人の本体と五人の分身でできている。六体を一組としてできている」という話を聞いたこともあるでしょう。

然《しか》り、それも事実です。

しかしながら、本当の意味においての魂のきょうだいとは、この地球に生きているところの五十二億人（説法《せっぽう》当時）の人々すべてが魂のきょうだいであるのです。地上を去ったところの五百億人の人たちの魂がきょうだいであるのです。

いや、この星を、この地球という星を超《こ》えたところの他の天体にも、私たちと同じように喜びを感じ、悲しみを感じ、苦しみを感じ、そして、あるときに幸福感に満たされているような人たちが、数多く生きているのです。そうした事実があるのです。

私たちは、そうした大きな魂の器《うつわ》のなかに共存し、生きているところの生命なのです。

だから言っているのです。

他を酷評《こくひょう》し、他の者を見限り、他の者を冷たく見、冷酷に見、厳しく見る見方は、それはほかならぬ自分自身の生命を、真実の有限なるものから、さらに小さな、小さな小さな小さな小さな点のようなものにしていく行為《こうい》にほかならない。

## 神の大樹《たいじゅ》に「一輪の花」を咲かせることを恐《おそ》れてはならない

神は一本の大樹《たいじゅ》であり、この大樹からいろんな枝が分かれてきた。この枝にいろんな花が咲いてきた。この花のなかに雄《お》しべがあり、雌《め》しべがある。

私たちは、大きな目で見れば、銀河という世界に咲いた「一つの花」です。

一つの花であるというところにおいて、この銀河においては有限の存在かもしれません。

しかし、その有限の存在であるわれらは、もっともっと小さな個性のレベルで見たならば、自分自身の本質をさらに限ったものと見ていこうとしているのです。

一つの花が、花全体の姿として見えることなく、花びらの一枚、雄しべと雌しべという一本一本に分解され、やがて花粉となり、花の細胞《さいぼう》となり、さらに小さなものとなってしまい、無限なる神から分かれてきて本来形あるものだった有限のまとまりが、小さく小さく裁断され、分割《ぶんかつ》され、その姿さえ分からなくなっている状況《じょうきょう》なのです。

そんな小さな存在に、自《みずか》らを限ってきているのです。

それが、自と他を隔《へだ》てて、「自分だけがすべてだ」と思う考えであると言っているのです。

私たちは、バラバラにこうやって生きているように見えるかもしれないが、今言ったように、銀河というレベルで見たならば「一輪の花」かもしれないということなのです。

私たちの魂の集まりが、一輪の花をつくっているかもしれないのです。

花のなかに住んでいるところの私たちには、その姿は見えないかもしれないが、さらに私たちのはるかなる世界においては、私たちの知恵《ちえ》を超え、見識を超えた世界においては、それが見事な一輪の花になっているのです。

銀河という花畑に咲いている花と、銀河をはるかに超えたところの他の惑星《わくせい》集団のなかにおいても、また違った花が咲いているのです。

いろいろな花が、この大宇宙のなかに咲いているのです。

その一つの花が、その惑星の集団のなかに集《つど》っているところのすべての魂の総合した姿であるのです。その繁栄した姿であるのです。

ゆえに、それが、艶《あで》やかな花を開かせているところもあれば、しぼんで小さくなっているところもあるのです。

私たちの住んでいる世界は、
今、大きく花咲かんとしている時代であるのです。
私たちの生きている世界を、
一つの群れとして、大きな集団として見ていったときに、
この地球を中心として花咲かせているところの私たちの魂は、魂たちは、
今まさに、つぼみから花へと向かっていかんとしているところなのです。
つぼみから花に向かっていかんとするときこそ、風は冷たい。
そのつぼみが開かんとするときこそ、外気は冷たい。
春はまだ遠いように見えることもあるであろう。
しかし、私は言っているのです。
「その外気の冷たさこそ、その冬の感覚こそ、
間違いなく、これから、
春の時代が来るということを告げているのだ」ということを。

恐《おそ》れてはならない。恐れてはならない——。
花咲かせることを恐れてはならない。
あなたがたは、花咲かせることによって、
冷たい風が吹《ふ》き込《こ》み、雪が降り、霜《しも》が降り、
そして、強い日光を浴びて、
自分たちが滅《ほろ》びていくかのように感じているかもしれない。
しかし、そんなものではないのだ。
これからこそ、
大いなる使命のために、
花咲かせてゆかねばならない時期が来ているのだということを、
忘れてはならない。

## 一人ひとりが咲かせる「心の花」によって人類全体の運命も変わる

一輪の花には一輪の花の幸福があるであろう。おそらくは、花には花の幸福があるであろう。

しかし、私たちが知っているところの、その一輪の花の幸福は、その花一輪が感じる幸福以上のものであるということを、あなたがたは気づくでしょう。

花は花咲かせることに幸福があるかもしれないが、その花の咲いている姿を見ているものは花ではない、人間たちであるということ。また、動物たちであるということ。他のものたちが、その花が咲いているのを見て幸福を感じているということ。

それを忘れてはならない。

このたとえは、個人個人のレベルにおいても、大きなレベルにおいても通用することであるのです。

あなたがた一人ひとりは、
悟《さと》りという名の一輪の花を咲かせようとしているであろう。
その花を咲かせることで精一杯《せいいっぱい》であるように感じているであろう。
そして、自らの花を咲かせることが、
自らの幸福のすべてであるかのようにも感じているであろう。
しかし、それは間違った考え方であるのです。
あなたがたが色とりどりの花を咲かせているその事実を、
多くの人々が見ているということを忘れてはならない。
人だけではない。
人を超えたものたちも見ている。
あなたがた一人ひとりが、
どのような「心の花」を咲かせるかによって、
動物たちや植物たちの運命も変わっていくであろう。

また、この地球という星自体の運命も変わってゆくであろう。
この大銀河に住むところの人類全体の運命も変わってゆくであろう。
私たちは、「幸福」という名の花の、
また、「悟り」という別名を持っているところのこの花の、
違った面を忘れてはならない。
ひたすらに咲かんとしているその努力が、
多くの者への恵《めぐ》みとなっているという事実を忘れてはならない。
自らの幸福を求めて、ひたすらに咲かんとしているその努力が、
実は、多くの人々への福音《ふくいん》となっているというその事実を忘れてはならない。
これを、「利自即利他《りじそくりた》」（自利利他《じりりた》ともいう）と言っているのです。
利自即利他の「利自」は、
エゴイズムに生きろと言っているのではないのです。

それは明らかに、多くの人々への愛ゆえに花咲かんとする、
その思いであるのです。
この利自が本当の利自、「自分を利する」という利自なのです。
真に自分を利するということは、
他人を利するということと別のことではないのです。
それは一つのものであるのです。
一つのものを、内側から見るか、
外側から見るかの違いにしかすぎないのであります。
「花咲いている」という一つの事実なのです。
それを花自身がどう感じるか、
周りの人が見てどう感じるかという、その違いでしかない。
行為としては一つしかないということなのです。
これが、本物の「幸福の探究」であるのです。

## 真理を物差しとして反省することが、幸福に入《い》る近道

なのに、何ゆえに、
あなたがたは、間違った幸福の探究のために生きるのか。
私はそれを問いたい。
本当に幸福を求めているならば、それなりの生き方があるであろう。
なのに、何ゆえに、
自らの心を堕落《だらく》させ、
他の人間をも傷つけるような生き方をするか。
そんなことをして幸福になった人が、過去一人でもいたと思うのか。
いや、一人もいなかった。
その見せかけだけの偽物《にせもの》の幸福は、
必ずやすべて仮面を剝《は》がれ、

反省という永《なが》き時の淵《ふち》のなかに投げ入れられてきたのだ。
それを知らなくてはならない。

ゆえに、あなたがたは知ってほしい。
私が言っているところの反省というものが、いかなるものであるかを。
これは、「幸福に入《い》るための近道でもある」ということであるのです。
自分が真実、幸福に向かっているかを探究するためには、
調べてみるためには、
反省ということを通さずして分からないのです。

では、どう反省する。
反省するためには物差しが要《い》るではないか、
そう思われるでしょう。

何が正しくて何が違っているのか、
それが分からなかったら、
どうして自分の思いを、自分の行為を、反省ができるのですか。
だから言っているのです。
「学習が大事だ」と。
「真理を知りなさい」と。

## 5 悟《さと》りの極致《きょくち》へ向かう道とは

### この地上に神の心を金字塔《きんじとう》として打ち樹《た》て、揺《ゆ》るぎのないものに

私は数多くの著書を問うてきました。もう九十冊になりました（説法《せっぽう》当時）。

これは何のために出しているか、みなさん、分かっていますか。

真実の人間の生き方とは何であるかを、

高級霊《こうきゅうれい》たちの目を通して、言葉を通して語ってもらった。

また、私は、「真実の生き方とはこういうものである」ということを、

理論化してみせました。

私は地上に生きている人間でありますが、他の多くの者たちは、

みなさんが見てきたところの数十人、いや、それ以上の高級霊人《れいじん》たちは、

何の利得もなく、みなさんがたに真実の生き方を教えているのです。
彼らには、何の私利私欲《しりしよく》もありません。
彼らは、みなさんがたの幸福を願うのみです。
しかし、その願いの声に耳を傾《かたむ》けない人が、あまりにも多すぎるのです。

やっと八千人の方が集《つど》ってくれましたが、
あと一億二千万人が残っているのです。
こういう人たちの目を覚まさないでは、この事業は終わることはないのです。
たとえ、私の生命がこの地上を去ったとしても、この事業は終わることがない。
この世界から、この地上から、
すべての間違《まちが》った思いと行いを駆逐《くちく》し、
真実の神の心を、神の教えを、
神のその思想を金字塔《きんじとう》として打ち樹《た》て、

そして、揺《ゆ》るぎのないものにするまで、われらが仕事に終わるときはない。
私の情熱に終わるときはない。
たとえ命尽《つ》きるとも、
たとえ己《おのれ》の命を削《けず》ってでも、私はみなさんに訴《うった》えかける。
訴え続ける。
それが使命であるからです。

人間としての形を取って、
今、生かされていることは、
私にとっては幸福なことです。
私がみなさんがたの前に人間の姿を取って生まれることは、
非常に難しいことであるのです。
めったに生まれることはできないのです。

あなたがたの多くは、幾転生《いくてんしょう》を繰《く》り返すことができる。
数十年、数百年に生まれ変わることができる。
しかし、私は、そうはいかない。
私が生まれ変わるときは、
「人類の危機のとき」であり、
「新文明が起きるとき」以外にないのです。
そうしたときにしか、
私は生まれてくることができないのです。

だからこそ、私は命を削って、みなさんがたに訴えています。
真実の教えを、これを知ってほしい。
知ったならば、伝えてほしい。
これは、伊達《だて》や酔狂《すいきょう》のために言っているのではない。

己自身の名誉《めいよ》のために言っているのでもない。
利得のために言っているのではない。
この千載一遇《せんざいいちぐう》のチャンスを、
肉体に宿るという、こういうチャンスを生かさずして、
この思想を肉声にて直接に、
あなたがたに伝えることはできないからなのです。

私も、命の限り伝道したとしても、
しかし、世界には五十億人を超《こ》える人たちがいる。
地上を去った世界には、五百億人の霊人たちがいる。
地獄《じごく》という世界には、
みなさんがたの先輩《せんぱい》で、迷っておられる方々が何十億人もいるのだ。
そうした人たちに、一人ひとり手を差し伸《の》べることが、

どれほど難しいことであるか、
あなたがたは分かっているであろうか。
それは、一人二人の力でできることではない。
それは、全人類を挙《あ》げてやったとしても、
そう簡単にできることではないのです。
われらはそのような偉大《いだい》なる理想の下《もと》に、
幸福の科学の旗を掲《かか》げているのです。

## 真理の法灯《ほうとう》を護《まも》り続け、広げ続けていくことこそ今生《こんじょう》の使命

これより後《のち》、一切《いっさい》の妥協《だきょう》はありません。
これより後、真理はただひたすら行軍をしてゆくのみです。
われら命尽くるとも、
その法の灯《ひ》は途絶《とだ》えることはない。

この日《ひ》の本《もと》の国に、
この日本の国に掲げられたところの、
この真理の法灯《ほうとう》は、決して消してはならない。
この法灯を護《まも》り続け、広げ続け、
そして、日本に、全世界に、広げ続けていくことこそ、
われらが今生《こんじょう》の使命なのであります。

われらが肉体の命など、
このようなものは、何の関係もない。
われらは、われらの存在は、
「使命そのものである」ということを知らねばならない。
大いなる使命が、使命そのものが、
われらの命であるのです。

それを外したところの肉体のこの生存など、
こんなものは何の役にも立たないということを、
知らなくてはならない。
われらが魂《たましい》は、命は、「神の使命」なのだということを、
忘れてはならない。
使命そのものが、今、生きているのだ。
使命そのものが、今、集っているのだ。
あなたがたは使命としての存在であるならば、
使命としての存在は、その使命を自己展開していくところにこそ、
存在の意味はあるはずである。

さすれば、己の使命に気づけ。
己の使命に目覚めよ。

あなたが、「今、何を悟《さと》らねばならぬか」を知れ。
「何を悟らねばならぬか」が分かったならば、じっとしていられようか。
いてはならない。
あなたがたは自《みずか》らの存在を否定することになる。
あなたがたは、自らの力の限り、知恵《ちえ》の限り、
叡智《えいち》の限りを尽くさねばならない。

光を広めることです。
光を強くすることです。
多くの人々の心に、
愛の火を灯《とも》すことです。
それのいったいどこが間違っているというのですか。
なぜ、それができないのですか。

なぜ、恥《は》ずかしいのですか。
なぜ、そんな人々のたわいもない、
取るに足らない中傷や非難を恐《おそ》れるか。

## 無限の大道《たいどう》を目指し、神の創られた世界を光で満たせ

真実の使命に目覚めたときに、
あなたがたがしなければならないことは一筋《ひとすじ》です。
一つです。一条です。
そこに道が開けてくるでしょう。
その道が、あなたがたにとっての、
あなたがた自身の悟りの道であるのです。
その道は無限です。
尽きることがありません。

終わることがありません。
なぜならば、われらの親であるところの神は、
大宇宙のアルファであり、
オメガであるからです。
始めであり、
終わりであるからです。
そうして、始めなく、
終わりなき存在であるからなのです。
ゆえに、われらもまた、
アルファであり、オメガであり、
始めであり、終わりであり、
始まりなく、終わりなき存在であるのです。
ゆえに、われらは、この使命に目覚めたときに、

始めもなく、終わりもない存在とならねばならない。
それは、無限の大道《たいどう》を目指して、
永遠の大道を目指して、
そうして、この世界を、神の創られた世界を、
光に満たす行為《こうい》にほかなりません。

それが、あなたがたの悟りの極致《きょくち》でなくて、いったい何でしょうか。
あなたがたの思いにおいて、活動において、
始めも終わりもないということを、
全生命が、全転生が、全転生輪廻《りんね》が、
永遠の生命そのものが、
使命の塊《かたまり》であり、使命の行軍であり、
使命そのものの自己展開であるということを知ること。

その使命とは、
「他を愛せよ。
神の光を愛せよ。
神の光で満たせ。
世の中を明るくせよ、幸福にせよ。
すべてを幸福に満たせ」。
こういう号令です。
これが使命なのです。
それがあなたがたのなかに宿っていることなのです。
これに関して、始めも終わりもない。
すべてを貫《つらぬ》くことです。
一本で、一条で、この道で貫くことです。
それが、あなたがたの悟りの極致へ向かう道であるということです。

## 永遠の大道を歩む幸福を手にし、味わってほしい

私はあなたがたに大いなる道を示しました。
これからその道を、一人ひとり歩んでいただきたいのです。
得られるものは少なく見えるかもしれません。
そんなに生易《なまやさ》しいものではないかもしれません。
しかし、永遠の大道とは、
その道を歩む者にしか分からないところの、
幸福を内蔵《ないぞう》しているのです。
その幸福を手にしてほしい。
味わってほしい。
味わわなければ、その幸福の意味が分からない。
値打ちが分からない。

味わっていただきたい。
味わった者だけが分かる、
悟りの味が、悟りの香《かお》りが、そこにあるだろう。
自らの使命をどこまでも深く自覚し、突《つ》き進んでください。
それが私の願いです。
ありがとうございました。

# 第3章

# 信仰《しんこう》と愛

一九九〇年三月十一日　説法《せっぽう》

千葉県・幕張《まくはり》メッセ・イベントホールにて

# 1　浅き春の寒さのなかで、光が高く掲《かか》げられるのを待つ

春はまだ浅く、
その陽《ひ》の光は柔《やわ》らかく、
みなさまがたには、
爛漫《らんまん》たる春にはまだほど遠く感じられる、
今日ではないかと思います。

陽の光は、確かに季節が春であることを物語っているのですが、
なぜでしょう、
まだ春が浅く浅く、青いものに感じられるのは。

それは私一人だけの感慨《かんがい》なのでしょうか。
それとも、みなさまもまた同じように感じられるでしょうか。
「確かに迫《せま》ってくるもの」を感じるのです。
それが確実な足音を伴《ともな》って近づいてくることを、
光と共に近づいてくることを、私は感じ取っています。

けれども、みなさまにお願いしたいのです。
「今しばらく、この浅き春の寒さのなかで、
光が高く掲《かか》げられるのを待っていただきたい」と。
みなさんだけではない。
私自《みず》からが待っているのです。
待っているのです、陽光《ようこう》が強くなってくることを。
この陽射《ひざ》しが本物になってくることを。

「この光が私たちの肌《はだ》を突《つ》き抜《ぬ》けて、
私たちの血液を熱く熱く燃え立たせる日が、
もうすぐ、そこまで来ている」ということを信じて、
待っているのです。

## 2 「荒野《あらの》で呼ばわる者」として真実を伝える

### 一九八一年の春三月、私の人生を画するべき大きな事件が起きた

思い返せば、すでに九年の歳月《さいげつ》が流れ去りました。

一九八一年の春三月、うららかな日でありました。その日、私に、私の人生を画《かく》するべき大きな事件が起きました。

それを「事件」と呼ぶには、あまりにも遠い過去のようにも、つい最近のことのようにも思えて、言葉を選ぶことさえ難しいのでありますが、その春の陽射《ひざ》しのなかで、確実に何者かが私を揺《ゆ》さぶりました。

一九八一年の三月二十三日、午後の二時を過ぎたころであったでしょうか。

私は、そのときのことを今も忘れることができません。

それまで二十数年間、神仏の存在を疑ったことなど一度もありませんでしたし、「目に見えない、霊《れい》の世界がある」ということを疑ったことは一度もありませんでしたが、それにしても、そうした世界の存在を証明する役割が、こともあろうに、この私に降りかかってくるとは、ついぞ考えつくことができませんでした。

私は何度も何度も神に問いました。「選ばれた人が違《ちが》うのではないか」と。「私ではないでしょう?」と。「この私には、とても、そのような大きな任務を担《にな》うことは不可能です」と、何度、辞退したことでありましょうか。

個人として信ずることはたやすい。しかし、この日本に、今、生命を持っている一億二千万人の人に、どうやったら、私が今感じているものを、知ってしまったものを、伝えることができるだろうか。五十億人を超《こ》える世界人類の人々に(説法《せっぽう》当時)、どうしたら私の命があるこの数十年のうちに、この真実を伝えることができるだろうか。

その厳粛《げんしゅく》な事実の前に、私は一匹《ぴき》の迷える小羊と化して、ただただ、「どうぞ、神よ、われの前なる道を閉《と》じたまえ」と祈《いの》ったことでした。

この目の前に開けている道が、これがあるかぎり、私のこの不安はやむことがないでしょう。私のこの悲しさが止まるときはないでしょう。私のこの無力感がなくなることはないでしょう。

神よ、なぜ私を選ばれましたか。

思い返せば、あなたのお心に私ほど遠い者もなかったのではないでしょうか。

「あなたを知り、霊界《れいかい》を信じる」ということは、そんなに難しいことではありませんでした。けれども、私は自助努力の人であったのです。「自《みずか》らの力で、自らの運命をつかみ取っていきたい」と強く念ずる人間であったのです。

どうして、今世《こんぜ》限りの、私のこの力によって人生を生きることを許してくださらないのだろうか。私の努力を超えた世界のことを、何ゆえに仕事として私に命じられるのだろうか。

神よ、あなたは間違えた方を選んだのではないでしょうか。

私は正直に生きていく自信はございます。コツコツと、自らの道を、たゆみなく歩いていく自信もございます。しかし、私は、あくまでも五十二億人のなかの一人にしかすぎないのであります。

あなたの任に堪《た》えるにはこの小さな肉体と、この限られた知力と、この限界のある気力では、とうてい、とうてい任に堪えない。

願えることならば、わが命を奪《うば》い去ってほしい。偉大《いだい》なる存在を知ったその日に、わが命を奪い去ってほしい。さすれば、われの悩《なや》みもなくなるであろう。さすれば、至福のなかに、われはこの世を去ることができるであろう。永遠の幸福をこの手にすることもできるであろう。

しかし、神は沈黙《ちんもく》のなかに私を置かれた。

そうして、「その荒野《こうや》を、荒野《あらの》を、方途《ほうと》なき道を、自らの足で歩んでいけ」と語られた。沈黙のうちに。

## わが身を証明台として真実を訴《うった》える、この誠意を信じてほしい

それからが九年です。長かったと感じられます。

みなさまの前でお話を始めて、まだ三年余りです。三年余り前に辿《たど》り着くまでに、六年近い苦しみのなかで、私が何を考え、何を悩み、そして、どのような心境であったか、今ここに集《つど》いし八千人の人々にお分かりになるでしょうか。

もし、立場を替《か》えて、みなさまが私とまったく同じところに立ち、同じ使命を与《あた》えられたとしたら、どうしますか。

他の人々に、見せることもできぬ神を「信ぜよ」とどうやって語り、他の人々に、「話すこともできぬ高級諸霊が現に存在し、私たちを日々導いている」という事実を、どうやって伝えますか。

「この数多い人々の一人ひとりに、『魂《たましい》のきょうだい』といわれる守《しゅ》護《ご》霊《れい》が確実についていて、その人生を見守っている」という事実を、どうやって伝えることが

できましょうか。

自分としては、すべてをこの手のなかに感じ取っておりながら、他の人々には見ることも聞くこともできない、その世界。それは言葉でしか語れない。文字にしか書けない。

そして、私はあなたがたに一年中語りかけているのです。

「信じてほしい」と。

「信じていただきたい」と。

「信じていただきたい」という、その根拠《こんきょ》は一つでしかない。

私は本当のことを言っているのです。この誠意を信じていただきたいのです。

みなさんが、もし、私が嘘《うそ》を言っているとお思いであるならば、すべては無になります。すべては無駄《むだ》になります。

また、みなさんが、私が語っていることは虚構《きょこう》、空想、フィクションにすぎないとお考えであるならば、私には、それがそうでないと証明する手立ては何もありません。

もし、みなさんが、「おまえは、二十代の若さで道を間違え、森のなかに迷い込《こ》んでしまったのだ」と言われたとしても、私には反論すべき何ものもございません。

ただ、過去、一途《いちず》に、まっしぐらに、誠実に、正直に、怠《なま》けることなく、力の限り歩んできた人間として、私のその生き方が、神を騙《かた》る者のいたずらによって翻弄《ほんろう》されているとは思えないのです。どうしても、この声が真実の声であると思えるのです。

数多くの書物のなかで、人類が歴史のなかで知っているところの、偉大な神々が登場しています。ありとあらゆる宗教の偉大なる聖者たちが、私を通して地上にメッセージを投げかけています。

それを気安く、それをたやすく、「信じよ」とあなたがたに私が言うことができるでありましょうか。

されば、私はわが身をもって、この身を証明台として、わが一生をみなさまへの証明として、生きている証人として、お示しする以外に方法がないと思うのです。
命あるかぎり、この事実が真実であると訴《うった》えかける以外に、私の道はないのです。

一度ならば、「嘘だ」と思う人もいるでしょう。
二度ならば、疑う人もいるでしょう。
三度ならば、どうですか。
少しは「考えてみよう」と思われるでしょう。
四度、私が同じことを言ったら、どうしますか。
少しは、幾分《いくぶん》かは、
「真実がそのなかにあるかもしれない」と思ってくださるでしょう。
五度言ったら、どうされますか。
十度繰《く》り返したら、
五年、十年、二十年、三十年、四十年、五十年と、

一貫《いっかん》して私が同じことを言い続けたら、
みなさんはどう感じていただけますでしょうか。
冤罪《えんざい》事件であっても、
三十年、五十年と無罪を訴え続ける人のために、
最高裁は再審《さいしん》の道を開くではないですか。
ましてや、神の声を、その言葉を伝えているという人間が、
その一生を通して訴え続けるというのであれば、
心ある人間であるならば、
必ずや、いずれかの時に、
必ずや、いずれかの折に、いずれかの場所で、
信じていただけるものであると、私は願うのであります。

## 現代文明に酔《よ》う大都会に広がる〝砂漠《さばく》〟に、真理の種子をまく

もとより、地上に下りてより、
そのような使命を知っていたわけではありません。
九年前のその日を境にして、
私の人生は前後際断《ぜんごさいだん》され、
まったく別人の人生がそこで始まったのであります。
私は、大都会にて文明を享受《きょうじゅ》しうる人間から、謳歌《おうか》しうる人間から、
「荒野で呼ばわる者」へと変身したのであります。
この「東京」という名の大都会は、
現代文明に酔《よ》いしれ、
そのなかに自らの居場所を見いだしている人にとっては、
なんと住みよい所でありましょうか。

しかし、この大都会が、いったん、
数千年の歴史を覆《くつがえ》すような「神の舞台《ぶたい》」へと変じたときに、
ああ、目の前に広がっているのは、
どこまでもどこまでも広がっているのは、
ただの〝砂漠《さばく》〟でしかない。
草木《くさき》の一本も生《は》えていないではないか。

この荒野《あれの》に、この荒野《あらの》に一人降り立ちて、
われに何をせよと言うのか。
草木一本生えていない、この砂漠のなかにおいて、
われに「種をまけ」と言うのか。
われに「耕《たがや》せ」と言うのか。
われに「水を汲《く》み、運び、そして注《そそ》げ」とおっしゃるのか。

それが神の声であるならば、
たとえ、砂漠と見える所であろうとも、やってみましょう。
やってみせましょう。
私のこの懐《ふところ》のなかから一粒《つぶ》の種を取り出し、
私の足元を耕し、その種を埋《う》め、
私の涙《なみだ》で水を注ぎましょう。
そんなささやかな力でよいならば、
この命果てるまで種をまき、耕し、植え、水を注ぎ、
その単純なる行為《こうい》を繰り返しましょう。

目の前にいる数千人の人々は、
その心のなかに真理の種子が宿ったとするならば、
そして、それが育ってゆくとするならば、

肥沃《ひよく》な大地に植わる、たわわな作物のようにも見えるでしょう。
しかし、みなさまの心のなかに、わがまく種が、
その命を失ったとしたら、
やはり、目の前には砂漠が広がり続けているのみであります。
ああ、何度みなさまの前に立ち、
何度さまざまなる角度から真理を宣《の》べ伝えたことでありましょうか。
しかし、わがまく種は、
あなたがたの心の大地に確かに届きましたか。
その土のなかに入りましたか。
私の流すその涙が、確かにその大地を濡《ぬ》らしましたか。
大地を黒く変えましたでしょうか。
私は自らの力足らずをどうすることもできず、
春のまだ浅い今日《こんにち》、

ああ、九年前に神と交《か》わしたあの約束がまだ果たせていないという、その焦《あせ》りと、その後悔《こうかい》の思いと、無力な、残念な気持ちのなかで、今日もこの一刻一刻《いっこく》を過ごしているのであります。

## 現代はイエスや仏陀《ぶっだ》の時代以上の「二度と来ぬ時代」

みなさんがたは、本当に私が言っていることがお分かりでしょうか。
みなさんがたの目の前で現代の日本に起きつつあることが、
二千年前にイスラエルに起きた、
あのイエスの時代のものと同じ事件であり、
二千六百年の昔に、インドの地において、
仏陀《ぶっだ》の下生《げしょう》を待って起きた事態とまったく同じであるということを、
信ずることができましょうか。
いや、私はそれ以上のことをみなさまがたに言っているのです。

それ以上のことを。それ以上の時代であるということを。
今という時代が「二度と来ぬ時代」であるということを、
みなさまがたは信じられましょうか。
この地上に、人類が三億年以上の歴史を持っているということを、
三億年以上の歴史を、幾転生《てんしょう》を繰り返しながら、
文明の盛衰《せいすい》を繰り返しながら、
あらゆる地において肉体を持ち、人間として生きていたのが、
今、命を持っているところのあなたがたであるということを、
信じられましょうか。
そうして、その数億年の年月を、実在界にあって、
私自身、みなさまがたを見守り続けていたということを、
信ずることができるでしょうか。

ああ、それは本当に難しいことでありましょう。
みなさまがたが持っている時計には、二十四時間の刻《きざ》みしかない。
みなさまがたが持っているカレンダーには、三百六十五日しかない。
みなさまがたが持っている地上の年月は、百年にも満たない。
ああ、なのになぜ、何億年という歳月の話を信ずることができるだろうか。
笑いたくば、笑われてもよい。
しかし、私は真実を知る者として、
嘘を言うことはできないのです。
「人類がこの地上に三億年以上の歴史を有している」ということよりも、
「人類は二千年、三千年の歴史を有している」ということのほうが、
どれほど分かりやすく、どれほど信じやすいことであるか。
それを宣べ伝えることが、いかにたやすいことであるか。
そのくらいのことが分からない私ではありません。

しかし、私は私に伝えられてくる真実に、
目をつぶることができないのです。
それを正直にみなさまがたに伝える以外に方法がないのです。
私はどうしても真実に蓋《ふた》をすることだけはできない。
この一生がどれほどの誤解に出合おうとも、
どれほどの嘲笑《ちょうしょう》に出合おうとも、
私は「真実を述べること以外に道がない」と信ずるものであります。

## 3　信仰《しんこう》の試《ため》しを乗り越《こ》え、本物となれ

### 「自分に都合《つごう》のいいときだけの信仰ではないのか」を問う

あなたがたは、今日《こんにち》、『聖書《せいしょ》』や仏典《ぶってん》を読めば、
「信仰《しんこう》」という言葉にたやすく出合うことができるでありましょう。
今日、たやすく出合うことができるところの、
その「信仰」という二文字の言葉は、
そう簡単にこの地上に根を下ろした言葉ではないのです。
幾千《いくせん》年の昔に、みなさんがたの先輩《せんぱい》の、
ある偉大《いだい》なる方々が、
身命《しんみょう》を賭《と》して、己《おのれ》の命を投げ捨ててでも、

この地上に根づかせんとして語った言葉であるのです。
あなたがたの多くは、
すでに幸福の科学の会員になっているかもしれません。
しかし、私はあなたがたに問う。
『旧約聖書《きゅうやく》』を読んだことがあるだろうか。
あのエレミヤという人の話を読んだことがあるだろうか。
縄《なわ》にくくられ、泥沼《どろぬま》の井戸《いど》のなかに吊《つ》り下げられても、
神の言葉を信じて疑わなかった、
あのエレミヤの気持ちがあなたがたにあるだろうか。

信仰とは、そうしたものなのです。
この地上の地位とか名誉《めいよ》とか金銭とか、
あなたがたのささやかな人間関係とか成功とか、

そうしたものにまったく無頓着《むとんじゃく》なものであるのです。
それは、「馬鹿一《ばかいち》」のように、愚直《ぐちょく》に、実直に、
「真理は真理、事実は事実」と述べ続けて、
その節を曲げない人たちによってつくられてきたもの、
それが信仰であるのです。
あなたがたのうち幾人が、その真実の信仰を持っているか。

私は問う。
自分に都合《つごう》のいいときだけの信仰ではないのか。
自分にとって甘《あま》いささやきを持っているときだけの信仰ではないのか。
自分の出世に都合がよく、
自分が他の人に手柄《てがら》を話すときに、
都合のよいことのための信仰ではないのか。

あなたがたは、命を懸《か》けたことがあるか。
その命を投げ出してでも、
真実、神の言葉を伝えようと思ったことがあるだろうか。
歴史のなかに、確かにそういう人がいたのです。

イエスにしてもそうです。
あなたがたは物語として『聖書』を読むことはできるでしょう。
しかし、その事件が、ドラマが、
あなたがた自身の身の上に起こったとして、
あのイエスを待ち受けていた十字架《じゅうじか》が、
自《みずか》らを待ち受けていたとして、
神を疑わないでその命を全《まっと》うすることができましょうか。

## 先人《せんじん》たちは、身命《しんみょう》を賭《と》して神の心を伝えてきた

あなたがたの多くは、真理の書を読み、真理の言葉を聴《き》き、納得《なっとく》をし、信仰に生きている気持ちでいるかもしれない。

しかし、私はあなたがたに言おう。「あなたがたの信仰は必ず試《ため》されるときが来る」ということを。

神は、あなたがたの信仰が本物であるかどうかを試される。その篩《ふるい》を通ってこそ、あなたがたは本物であると言える。

歴史のなかで、過去の時代に押《お》し流されて、今やその業績とて定《さだ》かに遺《のこ》っていない人に、現在ではイスラム教圏《けん》といわれている地域において「マニ教」という教えを説いた、マニという人がおります。この人も、私たちが伝えているところの、九次元という救世主の世界に生きている人の一人であります。

この人は、はるかなる昔に、全地上の宗教を一つに融合《ゆうごう》せんとして世界を駆《か》けて

その教えを説いていきました。そうして、その人を人生の最後に待ち受けていたものは何であったか。マニを待ち受けていたものは、「生きた人間の皮を剝《は》いで殺す」という残虐《ざんぎゃく》な迫害《はくがい》でありました。イエス以後にも、そういうことはあったのです。

みなさんがたの先人《せんじん》たちは、それほどまで身命《しんみょう》を賭《と》して、神の心を伝えるためにやってきたのです。

だって、そうでしょう。

神といっても、見ることもできないではないですか。

それを「信じられない」と言うほうが、

この世においてはまともに聞こえるではありませんか。

相手が反問《はんもん》しても、見せることさえできないではないですか。

あなたがたの幼い頭で考えるならば、

「神がいるならば、私が信じさせてほしいというときに、なぜ、姿を取って現れてくださらない。
なぜ、天を割って、その声を地に落としてくださらない。
なぜ、われらの前に姿を現して、
『私が神である』と名乗ってくださらない」、
そう思っておかしくはないでしょう。
それなのに、残念ながら、神は姿を現されない。
神は一般《いっぱん》の人々にその言葉を下さらない。
神は、なぜか「預言者」といわれる、ごく一部の人たちを使って、
その人たちの勇気に賭け、
その人たちの生命を賭した伝道に、
すべてを委《ゆだ》ねておられるのです。
ゆえにこそ、私は奮い立つのです。

「私の先輩たちも、そうした苦難のなかで、困難のなかで、
ああ、目に見えぬ神を、
人々に示さんとして生きてこられたのだ」と思うときに、
人知れず涙《なみだ》が込《こ》み上げてくるのであります。
ああ、そのつらさは、その屈辱《くつじょく》は、いかばかりであったか。

イエスに茨《いばら》の冠《かんむり》を被《かぶ》せて唾《つばき》を吐《は》きかけた者よ、
わが前に出《い》でよ。
われはこの手にて汝《なんじ》を打ち砕《くだ》かん！
わが前に出でよ。
誰《だれ》だ、イエスを鞭《むち》打《う》ったのは。
誰だ、イエスの脇腹《わきばら》に槍《やり》を突《つ》き刺《さ》したのは。
私は許せない。

わが前に出でよ。
この拳《こぶし》にて汝の顔を打たん！
そう思いたい気持ちが、
何度込み上げてきたことでありましょうか。

## 今起きている、この幸福の科学の事業は救世の事業である

しかし、時は流れました。二十世紀の後半という地に、その時節に、ああ、「今度はおまえがその立場に立ってみよ」と神命《しんめい》が下ったわけであります。「卑怯者《ひきょうもの》」と言われたくはありません。

私たちの先輩たちは、それだけの苦難と困難のなかを生きてこられた。私はまだ、茨の冠を被ったこともありません。唾を吐きかけられたこともありません。十字架に架けられたこともなくば、脇腹を槍にて突き刺されたこともまだありません。たとえこの声が嗄《か》れようとも、喉《のど》が潰《つぶ》れようとも、たとえわが肉体が再び立てなくな

ろうが、しかし、われはそれほどの屈辱をまだ受けてはいない。

ああ、われもまた信仰薄《うす》き者の一人であるのか。

われもまた、その命、生きやすく生きるを願うのか。まだ、わがなかに、内に、そんな弱い心が生きているのか。三十数年生きてきて、まだ己をそのように飾《かざ》る心があったのか。

大川隆法よ。汝、恥《はじ》を知れ。汝、恥ずかしくはないのか。おまえの小さなプライドなど、おまえの小さな名誉心など、おまえの小さな命など、こんなものは神の目から見たら、取るほどでもないものではないか。そのおまえがその小さな己の生命のために、何を護《まも》ろうとしている？　何を護ろうとしている？　何を隠《かく》そうとしている？　何も隠すものはない。

ただ単純に、「事実は事実、真実は真実」というその言葉を、なぜ、伝え続けることができない。なぜ、あなたがたを目覚めさせることが、真実できないのか。

それはおそらく私のなかにまだそういう弱さがあるからでありましょう。私の内なる弱さが、みなさまがたをまだ燃え立たすことができないのでありましょう。そういう私を指導者として持っている人々には申し訳ないと思います。

しかし、すでに三年が過ぎ、時は一九九〇年です。私たちは「サンライズ'90《ナインティ》」という目標を掲げ《かか》ました。「この日本中に真理の灯《ひ》を掲げる」と。「今起きている、この幸福の科学の事業は救世の事業である」ということを、恥じることなく、隠すことなく、宣《の》べ伝えるときが来たのです。

もう恥ずかしくはない！　何も隠したくもない！

たとえ嘲笑《あざわら》われようとも、たとえどれほどの迫害がこの身に及《およ》ぶとも、もはや妥《だ》協《きょう》はない。断じて、怯《ひる》むことはできない！

九年の歳月《さいげつ》を私は無駄《むだ》にしてしまった！　この歳月を無駄にしてしまった。私の地上の生命は一刻一刻その終わりが近づいている。九年の歳月を無駄にして、まだ座していられようか。

いや、もはや猶予《ゆうよ》はできない。

なぜ、あなたがたに情熱の火がつかないのだろうか。
なぜ、あなたがたの心のなかに真理の灯がまだともらないのだろうか。
なぜ、あなたがたは単なる言葉として私の話を聴き続けるのだろうか。
なぜ、単なる活字として読み続けるのだろうか。
今という時代をあなたがたに伝えることさえ、
まだ私には許されないのだろうか。
そうであるならば、
たとえ、何十回、何百回、何千回、講演会を続けたとしても、
たとえ、日本国中の人々に教えを説いたとしても、
それが何になろうか。

## 信仰《しんこう》が激しいものであるのは「人類の理想そのもの」だから

信仰《しんこう》とは、みなさん、
強制されてするものではありません。
自分が神の子であるということを知ったときに、
長年離《はな》れ離れになっていた親子のように、
子供が父を見、母を見て、飛びついていって抱《だ》きついて泣く姿が、
それが信仰なのです。
そこに一点の曇《くも》りも一点の迷いもあってはならないのです。
それは真実なのです。
赤裸々《せきらら》なのです。
そうした真実で赤裸々でない心でもって信仰を語り、
自ら信仰心があるように述べ、

人前にてそのように振《ふ》る舞《ま》っている人よ。その仮面を剝げ。
私は許さない。
あなたが使う、その「信仰」という言葉を、
使うことを許さない。
それは信仰ではない。
断じて信仰ではない！

あなたがたには、あまりにも多くの仮面がありすぎる。
あまりにも多くの虚飾《きょしょく》がありすぎる。
それを一つひとつ取り去っていかねばなりません。
赤裸々にならねばなりません。
その背広が、そのネクタイが、
その名刺《めいし》が、そのワイシャツが、

あなたがたをごまかしているとするならば、
そんなものを眼中から取り去って、
赤心《せきしん》、赤裸々な己の心と対面することです。
そして、問うことです。
「わが魂《たましい》よ。信仰とは何なんだ？　俺《おれ》に教えてくれ」と。
「信仰とは何なんだ？　言ってくれ」と。
ああ、なんてバカな人生を生きてきたのか。
自分の本質も知らずに、
自分が神の子であるということも知らずに、
人に語ることもなく、
人から語られることもなく生きてきたというのか。
なんと愚《おろ》かな人生であったか。
それを知ったら、泣かずにおれようか。

そのふがいない自分に泣かずにおれようか。
そうです。信仰とは激しいものです。
激しいものです。
なぜ激しいか。
それは人類の理想そのものだからです。
「人間の理想そのもの」なのです。
だから、激しいのです。
それがあるからこそ、
「神へ向かっていかんとする心」があるからこそ、
「神を信ずる心」があるからこそ、
私たちは性懲《しょうこ》りもなく幾千幾万転生《てんしょう》を繰《く》り返しているのです。
それは「人間が人間である」ための最低の条件でもあるのです。

## 4　今日を境に信仰心《しんこうしん》に目覚め、伝道せよ

### 信仰する心は「愛の行為《こうい》」となって必ず表れる

パウロは『聖書《せいしょ》』の「コリント人《びと》への手紙」のなかで述べました。
「たとえ山を動かすほどの信仰《しんこう》があったとしても、
愛がなければ無に等しい」と。
パウロはそう語っております。
しかし、私はあなたがたに言おう。
今、あなたがたのなかに、
山を動かすほどの信仰を持っている人がいるであろうか。
あなたがたはそれを信ずることができるであろうか。

あなたがたの神は、
念《おも》いでもって地球を創り、
念いでもって太陽を創り、
念いでもって全宇宙を創り、
念いでもって人類を創り、
全生命を創ったのです。
それを信ずることができる人であるならば、
「この山動きて海に入《い》れ」という言葉を信ずることなど、
芥子粒《けしつぶ》ほどの信仰で、芥子種《からしだね》ほどの信仰で足りるのは当然のことです。
「すべてを創られたということを信ずる」ということだからです。

私はパウロを責めるつもりはない。
「山を動かすほどの信仰があっても、愛がなくば無に等しい」

と言った彼の言葉は真実のものでありましょう。
「信仰深い」と自《みずか》らを称《しょう》する人は世に尽《つ》きることはありません。
しかし、彼らが真実、信仰に生きているならば、
その信仰する心は「愛の行為《こうい》」となって必ず表れるのです。
ゆえに、パウロはそう言ったのでしょう。
信仰のみを語って愛なき人々の多くを見て、
「愛なき人々よ。
あなたがたは信仰深いと言うが、
本当の信仰はまだ持っていないのではないか」
と問いかけたのであろうと、私は思うのであります。
おそらく、そのとおりでありましょう。
なぜなら、愛を実践《じっせん》できぬ人の信仰とは、
それはおそらく神に対して、

己《おのれ》の利便《りべん》を願う心で呼びかけているものに、
違《ちが》いないからであります。

「神よ、神よ」と呼ぶ者が、
必ずしも神のそば近くにある者ではありません。
神のそば近くにある者は、
その行いにおいて、行動において、実践において、
神のそば近き人間であることを必ずや証明するのであります。
言葉は、その姿を通し、形を通して、
必ずや外に表れてくるのです。
そうです。あなたがたはそれを知らなくてはなりません。
「信仰深く生きている」と言いながら、
愛を与《あた》えることなくして生きているということはないのです。

なぜなら、信仰とは、真実の、神を念い続ける心であり、
神を念うということは、
神の持っておられるものを己自身も持ちたいと、
必ず思うようになるからであります。そうでしょう。

「まだ悟《さと》っていない人々を導きたい」と思う心のどこに嘘《うそ》があるか

そして、神がいちばん思っておられることはいったい何ですか。
それはあなたがた一人ひとりに対する愛ではないですか。
そもそも、あなたがたを創られ、
そもそも、あなたがたをこの地に満たし、
あなたがたに光と水と食料をお与えになって、
何度、地獄《じごく》に堕《お》ちることがあったとしても、
それで命を消滅《しょうめつ》させることもなく、

連綿とその命を長らえさせ続けておられる神という方は、
愛の塊《かたまり》でなくていったい何でしょうか。
それは愛以外の何ものでもないはずです。

信仰というものが神へと向かう道であるならば、
その信仰が本物であればあるほど、
あなたがたの愛は深まり、
あなたがたの愛は本物となっていくはずです。
本物の愛とは何ですか。
それは、まだ悟《さと》っていない人たちに対して、
あなたがたが何をするかということではないのか。
その一歩を何とするか。
その一言《ひとこと》を何とするか。

それが愛ではないのか。
何を躊躇《ちゅうちょ》する。
何を戸惑《とまど》う。
何が恥《は》ずかしい。
神は愛です。
あなたがたが愛そのものになろうとして、
何のためらいがありますか。
人々を見て「導いてあげたい」と思う心のどこに嘘《うそ》がありますか。

「学習即《そく》伝道」「伝道即学習」の繰《く》り返しで、限りない高みへ昇《のぼ》れ

あなたがたのなかには、こういう人もいるでしょう。
「人を導きたい。愛を与えたい。
けれども、真理を勉強するのに忙《いそが》しくて、

なかなかそこまで手が回らない」
と言う人もいるでしょう。
これは嘘だ！　絶対に嘘だ。
真実、真理を学べば、
学べば学ぶほど、じっとしていられないはずだ！
そうでなければ、それは嘘だ！
表面だけだ。かたちだけだ。言葉だけだ。
本当のことだと知ったら、黙《だま》っていられない。
そして、学びは即《そく》伝道となるはずです。
「学習即伝道」「伝道即学習」となっていくはずであります。

学べば学ぶほどに、
伝えたいことは胸のなかを込《こ》み上げてくる。

抑《おさ》えることができない。
そして、人に語れば語るほど、
人を導かんとすればするほど、
己の対機説法《たいきせっぽう》の能力の不足に悩《なや》んで、
「さらに勉強を続けなくてはいけない」と思わなければ嘘であります。
ゆえに、「学習即伝道」であり、「伝道即学習」であり、
この繰《く》り返しでもって、
あなたがたは限りない高みへと昇《のぼ》ってゆくはずなのであります。

信仰《しんこう》の実践《じっせん》によって「鉄の柱」となれ、「青銅の扉《とびら》」となれ

私は今まであなたがたに優《やさ》しすぎたかもしれません。
最も大切な「信仰心《しんこうしん》」ということに関しても、
三年近く、ほとんど語ることなく過ごしてきました。

そのことを、あなたがたが、
自分たちの都合《つごう》のいいように使ってはなりません。
信仰は当然のことです。人間としての前提なのです。
これがない人間には、
本当はこの地上に生まれ変わってくる権利はないのです。
ないにもかかわらず、
なぜ、人間の顔をして座《すわ》っているか！
なぜ、人間の顔をして生きていくか！
本来、資格がないのに生きていられるか！
すべてを許しておられる人のその許しに甘《あま》えて、
わがままを言うのは、ほどほどにしなくてはいけない。

あなたがたは、今日を境として信仰心に目覚めなければならない。

信仰心に目覚めたときに、
あなたがたは真に強くなるであろう。
あなたがたは「鉄の柱」となることができる。
信仰を知ることによって、
実践《じっせん》することによって、「鉄の柱」となることができる。
あなたがたは信仰を実践することによって、
「青銅の扉《とびら》」となることができる。
いかなるものも押《お》し破ることができないところの、
「青銅の扉」と化すことが可能であるのだ。
あなたがたは、この「信仰」という二文字をもって、
「鉄の柱」ともなり「青銅の扉」ともなることができるのに、
なぜ、そのような、か弱い存在でい続けるのか。

強くなれ！
勇気を持て！
立ち上がれ！
そう、今年こそ伝道の年である。
私の言葉を空念仏《からねんぶつ》とさせないでほしい。
あなたがた一人ひとりの心のなかに、
今、種を私はまいているのです。
その種を確かに己のものとして育ててほしいのであります。
この私の熱情が分かるならば、応《こた》えてほしい。
必ず私の声に応えてほしい。
あなたがたが変わっていくことを私は願う。
いや、今日《こんにち》ただいまを境目として、
いや、今この瞬間《しゅんかん》をもって前後際断《ぜんごさいだん》し、

新しき魂《たましい》となってほしい。

信仰と愛は、どちらかを選ぶべきものではありません。

信仰は即愛であり、愛は即信仰であります。

それが、今日、私があなたがたに語りたいことであります。

# 第4章

# 光ある時を生きよ

一九九〇年三月二十五日　説法《せっぽう》

熊本《くまもと》県・熊本市総合体育館にて

## 1　いかにすれば人間が真の幸福を得られるか

### 熱い信仰心《しんこうしん》が集まるほど、聖なる事業への大きな仕事ができる

九州での講演はこれで三回目になります。全国を講演をして回っておりますけれども、私はこの地に来ると、飛行機で空港に降りてよりこのかた、全身に力が満ちてくるのです。

なぜ満ちてくるのか。それは、この九州に集《つど》っておられるみなさんの熱い思いが伝わってくるからなのです。

私も、伊達《だて》にこういう仕事をしているわけではございません。人の気持ちが分からなくて、この仕事はできないのであります。みなさんは、それぞれ直接私と話をすることもございませんから、「自分一人の考えなど分かるはずもない」と思って

おられるでしょうけれども、それが分かるのです。それが、食事をしていても、歩いていても、座《すわ》っていても伝わってくるのです。

その伝わってくる力を感じると、みなさん全体がどういうふうな思いを今持っておられるのか、それがひしひしと感じられてきます。

幸福の科学では、「信仰心《しんこうしん》は大事である」ということを、今年（一九九〇年）になってかなり言っているわけでございますけれども、それは単に思想的にのみ大事であるということではないのであります。

われわれは、人類幸福化運動を通じて、地球五十二億の人々（説法《せっぽう》当時）の幸福を実現しようとしています。多くの人々の幸福のためには、大きな救世のエネルギーが必要なのです。

みなさんの誠意溢《あふ》れる熱意が集まってきますと、それはそれは大きなエネルギーになってくるのであります。

私はこういうかたちで全国で講演をしておりますし、また数多くの書物も世に問うております。その仕事のスタイルそのものは、言ってみれば「放電をし続けている」というスタイルであります。

しかし、人々の熱い思いというものが集まってきますと、私自身の体のなかに一つのエネルギー磁場《じば》ができてきて、ちょうどバッテリーが充電《じゅうでん》されるように力が満ちてくるのであります。

より多くの人々の幸福のためによい仕事を続けていくためには、多くのみなさんの熱い思いが集まる必要があるのです。そういう人たちの思いが集まれば集まるほど、ありがたいことに、私の力は強くなってくるのであります。

それは、私の力だけではございません。

数多くの書物のなかですでにその存在を明らかにしていますところの、当会の指《し》導霊団《どうれいだん》の指導霊たちが数多くいますが、彼らは何一つ私たちに要求しておりません。ただ、みなさんの彼らを信ずる思いが熱く熱くなってくればくるほど、彼らもまた力に満ちてきて、この聖なる事業に対して、もっともっと大きな仕事というものが、働きというものができるようになってくるのであります。

幸福の科学の熱心な方々が全国各地でさまざまな活動をしてくださっておりますけれども、やはり、熱意というのは素晴《すば》らしいものです。お金などに換《か》えられるものではありません。本当に素晴らしいものです。人間の純粋《じゅんすい》な熱意、これに勝《まさ》るものはない──私はそう感じるものであります。

## 幸福の科学の中心の考えである「正しき心の探究」

さて、今日お見えのみなさんのなかで、二千五百人ほどの方はまだ会員になっていないというふうに伺《うかが》っています。

当会の教え全体はかなり広がっておりますので、幅広《はばひろ》い話は残念ながらできませんけれども、簡単にお話ししますと、いちばん中心の考えとしては、私たちは、会員として「正しき心の探究」というものをやり続けるということが一つの資格条件であります。

## 愛の原理――「奪《うば》う愛」ではなく「与《あた》える愛」をする

そうして、幸福の科学の教えのなかでいちばん中心になっているものは「幸福の原理」というものであって、「いかにすれば人間は真の幸福を得ることができるか」、そして、それに対する答えといたしまして、まず、第一原理としての「愛の原理」があります。

「この愛とは、人を愛する愛であり、与《あた》える愛である。奪《うば》う愛が幸福の原理ではないのだ。人に愛を与えんとするときにこそ、人は真に幸福になっていくことができるのだ」という原理であります。

## 知の原理――真実を幅広《はばひろ》く深く知り、悟《さと》りを高める

第二原理に「知の原理」というものを掲《かか》げています。これは、「人間として、真実の物事を、真理を深く知ることによって悟《さと》りは高まり、その悟りの高みによって、

この地上でのさまざまな悩《なや》み事が解決していくのだ。だから、私たちは、真実を幅《はば》広《ひろ》く、また深く知らなければならないのだ。これも幸福の原理なのだ」という教えであります。

## 反省の原理――心の錆《さび》落《お》としをして、本来の心を取り戻《もど》す

そして、第三原理として「反省の原理」というものを説いております。

「正しき心の探究」ということを標榜《ひょうぼう》しています以上、当然ながら、「私たちの心が幸福そのものに関係する」ということを言っているわけであります。そうして、私たちの心の幸福を保証するものは何であるかと申しますと、それは、「本来の人間の心を取り戻《もど》すことにある」という考えであります。

「本来の心」とは、いったい何であるか。

日本に一億二千万人いますし、世界に五十二億人いますけれども、私たちは、地《じ》獄《ごく》というところから生まれ変わってくることは決してありません。私たちはすべて、

天国から生まれ変わってきているのです。

なぜならば、もし地獄というところから生まれ変わってくることができるならば、地獄の苦しさから逃《のが》れるためには、全員人間として生まれ変わってくればいいわけであって、地獄というものは必然的になくなるはずであります。あるはずがないのであります。ところが、あるということは、そこから生まれてくることはできないということなのです。

すべての人は、最低限の悟りを得て天国に入り、そこから生まれ変わってきているのであります。そして、その本来の心、生まれ変わってくる前の本来の心というのは、どの方も、その程度に差はございますが、安らぎ、調和に満たされた心であったのです。

ところが、その心が、地上に生まれ落ち、さまざまな環境《かんきょう》の下《もと》に教育を受け、生活をしてくると、だんだん、この三次元というこの物質界の波動《はどう》に染まり始めて、本来の自分の姿というものを忘れ、そして心が曇《くも》ってくるわけです。それは、どうしても曇ってくる。ちょうど錆《さび》がついて表面が赤く変わっていくように、どうしても錆がついてくるわけです。

その「錆落とし」「心の曇り落とし」ということが、実は「反省」であるわけです。

ですから、こうした曇りを取らなければ本来の心というものを取り戻すことができず、本来の心を取り戻すことができなければ、安らぎのある生活はありません。

また、安らぎのある生活を続けていればこそ、私たちは未来に希望が持てるのです。

また、自分の人生に対して責任が取れるわけです。

## 反省により心を磨《みが》き、悪霊《あくれい》の影響《えいきょう》を受けることをなくす

では、心に曇りをつくっていると、どういうふうになりますか。

みなさんが私の書物を通して読んでおられるとおり、この地上を去った世界のなかには不調和な世界があります。その不調和な世界の住人たちは、「何とかその苦

しさから逃れたい」と、自分と同じような波長《はちょう》を出している人のところにやって来るのです。これを「憑依《ひょうい》」と、一般的《いっぱん》には言っております。

人々はともすれば、そうした悪霊《あくれい》といわれる者たちが自分たちを不幸にしているというふうに考えがちでありますけれども、当会の考えから言えば、そうではない。彼らを呼び込《こ》んでいる原因は、自分自身の心にあるのだ。想念の世界というものは、波長が同通する世界である。すなわち、憑《つ》く者と憑かれる者とは、まったく同じ波動を出しているのだ。そして、自分自身の心を調《ととの》えたときに、すなわち彼らが来るところの引っ掛《か》かりを取り去ったときに、その梯子《はしご》を切ったときに、もはや彼らの影響《えいきょう》を受けることはなくなるのだ。

ところが、残念ながら、人間として生まれて、生きながらも、こうした霊的影響の下に不本意な人生を生きている人は数多いわけであります。これは、まことに残念であります。

人間には、「自由な意志」というものがあります。自由な意志に伴《ともな》うものは「責任」であるはずです。自分で考え、判断し、行動しているからこそ、自分のなしたことの結果に対しての責任を取ることができるはずです。

ところが、自分の思いではない、他の者の思いによって行動し、そして間違《まちが》いを犯《おか》していったときに、さあ、その人の本当の人間としての主体性というものはどうなるのでしょうか。翻弄《ほんろう》される人生になっていきます。そんなものでよいのでしょうか。

やはり、自分自身で自分の人生に責任を取る、そういう生き方をしなければ、真の幸福というものが訪《おとず》れるはずはないのであります。

ゆえに、私たちは、そうした他界の者からの波動に染まらないように、常に心を磨《みが》く必要があるわけであります。

その心を磨くという方法として、いちばんよいのが反省であるわけです。

この反省に関しては、「真説《しんせつ》・八正道《はっしょうどう》」という八つの反省の道をお教えしているわけであります。

ゆえに、この「反省の原理」もまた幸福の第三原理として掲げられるものであります。

## 発展の原理――地上をユートピアと変え、人々に真の幸福を教える

そして、次なる第四原理として「発展の原理」というものを掲げているわけであります。この「発展の原理」というものは、「私たちが幾《いく》百回、幾千回と転生《てんしょう》を繰《く》り返し、この地上に生まれ変わってきているその理由は、この地上をユートピアと変えて、この地上に生まれ変わるところの幾多の仲間たちに、真の幸福とは何であるかを教えるところに、その意義、目的があるのだ」という考えであります。

私たちは、本来の調和された世界からこの苦しい地上界に出てきておりますが、この苦しい地上界において理想の社会をつくることによって、まだそういう幸福感を味わったことのないところの同胞《どうほう》たちを素晴らしい境涯《きょうがい》に連れていくことが可能であると考えているのであります。

このユートピア建設のためにぜひとも必要な考え方が、この「発展」の考え方であります。

発展とは何であるか。「すべてのものは、現時点よりよくなっていかねばならん」というものの考えであります。

生きている人間は、その心境を向上せねばならん。そして、住んでいる社会は常に前進せねばならん。各自が進歩し、進化することによって、もし不調和が現れたならば、その不調和をなくしながら絶えず前進・向上していくことこそが人間としての使命であり、人間が社会生活を営《いとな》んでいるところの真の意味であると考えられるわけであります。

すべてのものがよくなっていくからこそ、われわれは深い幸福感を味わうことができるわけであります。

## 2 幸福を増産し、地上に喜びを溢《あふ》れさせるには

### 他の人の幸福を増進する仕事こそ、生きる喜び

これは、たとえて言うならば、昨年（一九八九年）三月に北九州で講演しましたときに二千五百人の方がいらっしゃいましたが、一年後の今日は四千人の方が見えています。次は一万人集めるそうですけれども、これは発展の姿でしょう。

そして、その発展の姿は、なぜか喜びを伴《ともな》います。なぜでしょうか。

それは、私たちは人間として生きている以上、よい仕事をしたいのです。よい仕事とは何か。それは、値打ちのあることをして、多くの人々によい影響《えいきょう》を与《あた》え、彼らを幸福に導いていくことです。それは私だけの仕事ではありません。この講演会の準備をしておられるみなさんの仕事でもあるし、あるいは、集《つど》ってきておられる

みなさんがたの仕事でもあります。

自分が喜びを覚えたときに、幸福を覚えたときに、これを自分一人のものにしておくのと、自分の周りにいる人たちと共に喜びを分かち合うのと、どちらが幸福感は深いでしょうか。

もし、自分に幸福なことが起きたとしても、家族が一緒《いっしょ》にいて、それを喜んでくれたらどうでしょうか。その喜びは大きなものになるでしょう。真理を共に学ぶ仲間がいたら、自分一人が悟《さと》った喜びもまた大きくなるでしょう。共に学ぶ仲間があればこそ、喜びを伴います。そういうものなのです。

私たちは本質的に、「素晴《すば》らしい仕事をしたい」という気持ちに満たされているのです。

私の著書『仕事と愛』にも出ていますけれども、「いい仕事をしたい」「素晴らしい仕事をしたい」という思いは、後天的なものではないのです。私たちは、生まれる前から、

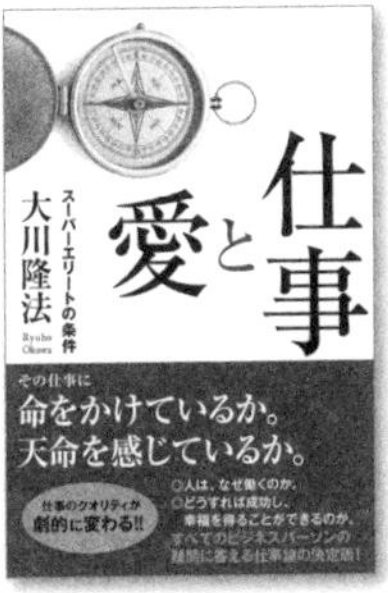


『仕事と愛』（幸福の科学出版刊）

そういう気持ちを先天的に持っているのです。よい仕事をする、すなわち他の人に対して幸福を増進するような仕事ができるからこそ、生きているということに喜びを覚えるわけです。

もし、自分が生きているということが、他の人々を不幸にしていくのであるならば、その生は悲しい。その生命は虚《むな》しい。そうではありませんか。もし、三回生まれ変わって、三回とも他の人々を不幸にしただけの人生であったとするならば、それは人間として非常に悲しいことではありませんでしょうか。私はそのように思います。

もし、そのような事実が過去にあったとしても、四度目に生まれてくるときは、「今度こそは、きっと他の人々を幸福にしてみせる」と思って、生まれ変わってきているはずであります。

そのとおりなのです。人は、「他の人々を幸福にする」というところに、最大の「仕事の本質」というものを感じ取っているのであります。これが、人間としてなすところの、いちばん尊く、そして「永遠の仕事」であるのです。

## 私が数多くの書物を発刊する理由とは

私は、このように、みなさんの前でお話を繰《く》り返し繰り返しやっております。これは今世《こんぜ》だけのことではなく、幾転生生《いくてんしょう》まれ変わっても、こういう仕事をやっているわけでありますが、それは、幸福になる人が一人でも増えることがうれしいからなのです。損得ではありません。名誉心《めいよしん》でやっているわけでもありません。何もありません。でも、うれしいのです。

本も数多く出しています。今、五百万部近く売れていますから、もちろん、そういうこと自体は著者としてはうれしいですけれども、それ以上に、「一冊一冊の書物が一人ひとりの人の手に渡《わた》って、そのなかに、何かその人の人生にプラスになることが一つでも二つでもあったら、どれほどうれしいか」と思って、私は書物を書いております。いろいろなかたちで書いていますけれども、「どれか一冊でもその人の心に響《ひび》くものがあればいい」と思って、いろいろなかたちで、いろいろな本を出しています。

一冊の本というものを、人は求めているのです。いや、一冊の本ではなく、「一《ひと》言《こと》」を求めているのです。自分を幸福にしてくれるところの「一言」を――。

そして、その幸福とは何であるか。

自分自身の当面の悩《なや》み、今持っている悩みを解決するその鍵《かぎ》が欲《ほ》しくて欲しくてしょうがないという人が、全国に満ちているのです。その人たちに、その鍵をあげたいのです。「これで解けるはずだ。この悩みは解けるはずだ」ということを教えてあげたいのです。それでやっているのです。それがまた私の喜びでもありますし、おそらく、みなさんご自身の喜びにもなってこられることだと思います。

## 「パイの取り合い」ではなく、幸福を次々と供給せよ

人間として生まれ、生きておりながら、他の人の不幸を喜ぶような心境になった

ら、これは、やはり最低限である、最低の生き方であると思わなければなりません。どうしても、そういう傾向《けいこう》は、人間にはつきまといます。また、他の人の幸福を見れば、妬《ねた》ましく思ったりする気持ちがあります。「不幸なときだけは助けてあげたいが、幸福になっていくのを見ると、自分がたまらない」という気持ちになる人がいます。

でも、私は思うのです。それではあまりにも虚しくはありませんか。やっと水面から顔が出て息ができるという程度の人生ではないでしょうか。

みんなが、もがいている川のなかから、海のなかから陸に上がって、楽しく語らい合って、さまざまな集いをして、共に素晴らしい社会生活を営《いとな》むことが、どうして自分にとっては不幸になるような気持ちを抱《いだ》かせるのでしょうか。

それは、おそらく、幸福というものの供給が足りないのだと、私は思うのです。もっと幸福を溢《あふ》れさせなければいけないのだと思うのです。誰《だれ》かが得をしたら誰かが損をするような、そんな狭《せま》い社会であると思うから、そんな小さな了見《りょうけん》にとらわれてしまうのだと思います。

例えば、国際社会を見てみても、こういう考え方は非常に広がっております。「どこかの国が儲《もう》かれば、他の国が損をする」というような考え方です。こういう「パイの取り合い」をしているような考え方というのがけっこう広がっています。

しかし、そんなことであってはいけない。もっともっと積極的に幸福の増産というものをしていかねばならない。次から次へと供給をしていかねばならない。そうであってこそ、この地上に喜びというものは溢れてくるのだと考えられるのです。

## 3　「幸福の生産者」となるために①――マイナスの発想を捨てる

### 他の人の気持ちを暗くする〝不幸の生産者〟には決してならない

では、どうすれば、そうした幸福を生産し、供給し、この地に溢《あふ》れさせることができるのでしょうか。それを考えてみようではありませんか。どうすればいいのでしょうか。

もちろん、出発点は各人であることは間違《まちが》いがありません。みなさんがた一人ひとりが出発点です。九州の数千人の人の思いが私を幸福にしているのと同じように、みなさんの一人ひとりの思いが世の中を変えていくことは間違いのないことであります。

さすれば、各人がまず幸福感に満たされ、いや、満たされるだけではなく、この幸福というものを他の人々に分け与《あた》えることができるような心境になるためには、どうすればよいのでしょうか。

それには、少なくともまず二つの点が押《お》さえられなければならないと思います。消極的な要件としては、「幸福の反対であるところの〝不幸の生産者〟とは決してならない」ということが挙げられましょう。

「不幸の生産者」とは何でありましょうか。その人と会うと、他の人たちが暗い気持ちになる。そういう人ではないでしょうか。その人と付き合っていると、次第《しだい》しだいに幸福感が薄《うす》れて、そして不幸になっていく気持ちがするような人ではないでしょうか。

では、どういう人に会ったらそう感じるでしょうか。

まず、その言葉でしょう。常に暗い言葉を吐《は》く人。いつ会っても愚痴《ぐち》が出てくる人。愚痴を聞かされてしまう。そして、「明日《あした》は今日よりもっと悪い」と思っているような人です。こういう人と会っていますと、だんだん心が暗くなってきます。

そして、「世の中の人たちはみんな、自分を虐《しいた》げたり裏切ったりしている」と思うような人です。こういうような人と付き合っていると、みなさん、だんだん心が暗くなってくるでしょう。

また、他人《たにん》を見ればそうだけれども、自分だってそうなっていないでしょうか。そうでないときも多いでしょうが、一年のうち、あるいは一生のうち、そういう心境になることはあるでしょう。

そのときに、「今こそ勝負のときだな」と思わねばならないのです。

自分が不遇《ふぐう》であることは間違いがないけれども、不遇のときに、単に愚痴を言い、暗い状況《じょうきょう》を考え、他人の同情を乞《こ》うという心境は、これは普通《ふつう》と言えば普通の心境ではあります。ただ、少なくとも、人生の向上を願っている人間、また他の人々を導きたいと思っている人間のすることではないはずであります。

## 「苦しいときこそ、人生を前進させる材料に恵《めぐ》まれている」と知れ

その悲しみのなかにおいて、苦しみのなかにおいて、なぜ笑顔をつくることができないのか。なぜ、そのなかにおいて積極的なるものを、プラスの物事を考えることができないのだろうか。これは『常勝《じょうしょう》思考』のなかで述べたことでもあります。

実際は、そういう状況のなかにおいてこそ、人生に勝利するための鍵《かぎ》が数多く潜《ひそ》んでいるのです。みなさんは、平穏《へいおん》なとき、あるいは得意のときのみならず、そうした苦しいときにこそ、実は人生を前進させるための大いなる材料に恵《めぐ》まれていると言って過言ではないのです。

私自身を例に取っても、みなさんがたにお話ししている考え方の数多くは、私が幸福なときではなく、私がいちばんつらかったときに発見した真理であります。「自分は、そのつらいときに、こういう考え方で切り抜《ぬ》けてきた」と

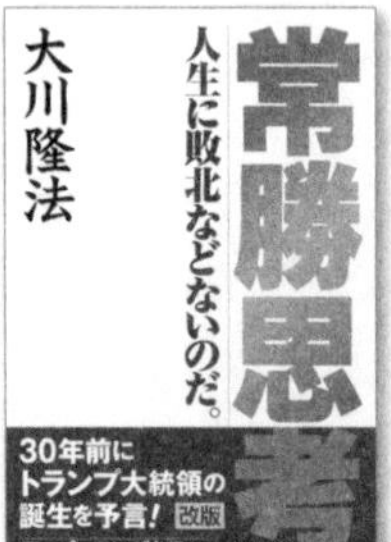


『常勝思考』（幸福の科学出版刊）

いう経験があるからこそ、確信があるからこそ、みなさんがたにお話ができるのです。

苦難のときこそ、私たちは実は人生の宝の山のなかにいるということなのです。人生の宝の山のなかに埋《うず》もれて身動きが取れないという贅沢《ぜいたく》な状況にあるのです。それが分からないでいるのです。あたかも自分が生き埋《う》めにでもなったかのような気持ちになっている。

しかし、光を当ててみよ。目の前にあるものは何であるか。ダイヤモンドの山であります。金銀財宝の山なのです。そのなかに、今いるのです。ところが、それを〝真っ暗〟にしてしまうと、自分がすごいところにいるということが分からなくなるだけです。

## 人生の苦難・困難が今世《こんぜ》の「魂修行《たましいしゅぎょう》の目的」を教えてくれている

考えてみれば、「私たちがこの地上に生命を持つ」ということはどういうことであるのか。

その目的の第一としては、人生修行《しゅぎょう》というものをなすために生まれてきたわけなのです。幾転生《いくてんしょう》を繰《く》り返しながら、「己《おのれ》の魂《たましい》をさらに向上させるためには、どうしたらよいか」、それを考えながら、いつも違った環境《かんきょう》を選んで生まれてきているのです。異なった職業、違った環境、そして違った人間関係を選びながら生まれてきているのです。過去、裕福《ゆうふく》であった人は貧乏《びんぼう》に生まれてみたり、また、その逆であったり、健康であった人が病気を持ちながら生まれてきてみたり、いろいろな経験をしながら、今世《こんぜ》、魂を一歩進めるということを至上命題《しじょうめいだい》として生まれてきているのです。

そうであるのならば、「たぐいまれなる魂を磨《みが》く機会を今与えられたということは、これぞまさしく、自分の今回の人生の目的と出会ったのだ」と考えなくてはならないわけなのです。それを逃《に》げてはならない。それで愚痴るようであったら、「何を言っているか。あなたは、宝探しの地図を与えられて、そして、その道を歩いてきたのでしょう。探してきたのでしょう。今ここに宝の山があるのに、何を嘆《なげ》いているのか」ということになるわけなのです。

特に、人生最大の苦難・困難のなかにある人は、それこそが、今世あなたの魂の磨きとして用意されているところの最大のものであるということなのです。「人生の問題集」のなかのいちばん大事なことであって、「それを避《さ》けて通っては、今世の修行は相成《あいな》らん」と言われているわけです。

このように、各人は「それぞれの魂に合っただけの問題集」を与えられているのです。それ以上でも、それ以下でもないのです。

どのような問題が降りかかってきても、それはあなたに解ける問題であり、また、あなたにしか解けない問題であるのです。

それがまさしく目の前に現れてきた。これは、「私の人生が、いったいどういう人生であるか」ということを教えてくれているということです。「自分の魂修行の目的が、今世はどこにあるか」ということを教えてくれているのです。

その魂修行を終えた人には、そういう「問題集」は出てこないのです。〃違った問題〃が必ず出てくるのです。〃その人がまだ解決していない問題〃が出てくるのです。

そして、今世それを見事に解決し、生き抜いた場合には、「あなたは、その問題はもうパスした」ということなのです。そして、この次に生まれてくるときには、同じ問題に対しては、自分が解くのではなく、他の人の問題を解決してあげる人になっているのです。

それが「向上」というものなのです。「魂の向上」なのです。

ですから、基本的なものの考えとして、今、愚痴や不平不満が出るような環境にあるとしたら、それを出す前に、ちょっと待って、考えていただきたいのです。

今、出ている問題は、「自分自身の魂が何者であるか」を示しているのだ。「今世の使命は何であるか」を示しているのだ。それを霊能者《れいのうしゃ》に訊《き》かなくとも、自分自身で分かるのだ。「今世、何を目的に来たか」ということが分かるのだ。そういうことを示しているわけです。

だから、そのときにこそ、後退をしてはなりません。断じて後退をしてはならないのです。

勇気を奮い起こして、草薙《くさなぎ》の剣《つるぎ》を抜かねばならないのです。草薙の剣を抜き放って、火のついたあたりの草を薙《な》ぎ払《はら》う必要があるわけです。

さすれば風向きは変わり、火は自分を避けて敵のほうへと向かっていくようになるのです。その勇気ある決断が必要なのです。

それができないために、どれほどの不幸を生産し、増産している人がいるか。見るに堪《た》えないほどです。火が迫《せま》ってきたら、もう丸焼けになることを思って逃げる。そして、ほかのところに延焼《えんしょう》し、類焼《るいしょう》していくということが数多くあります。火はそこで食い止めなければならないのです。断じて立ちはだからねばならない。「よし！　この問題は解決してみせる」と思わなければならない。

## この世を去るときに持って還《かえ》れるのは、問題を解きながら手にした教訓

問題が現象的に解決することもあるでしょう。しかし、もし現象的に、この世的に解決ができなかったとしても、その難問題と真っ正面から取り組んだということは、あなたがたに大いなる経験を与えるでしょう。そして、そのなかに「尊い教訓」が出てくるはずです。それが「宝」なのです。その教訓こそが宝なのです。まったく同じ経験をしている人は二人といないのです。そうした自分の問題を解きながら、そして「手にした教訓」こそが宝であり、それこそがこの世を去っていくときに持っていけるものであるのです。

まだ半信半疑《はんしんはんぎ》の方も数多くいるでしょう。しかし、私は言っておきます。霊的な世界を知り、実体験し始めて九年、今日まで一日も、この地上界ではない他の世界の人たちと話をしなかったことはないのです。一日も。毎日、この地上を去った世界の人たちと話をしている人間として、私は、霊界《れいかい》という世界、この地上を去った

世界が百パーセントあることを保証できるのです。二百パーセントと言ってもいい。事実なのです。嘘《うそ》でも冗談《じょうだん》でもないのです。本当にあるのです。

その世界から、みなさんの魂はこの地上に肉体を持って出てきて、そして数十年の人生を経《へ》て、必ず去るのです。去ったときに、みなさんがたの〝魂の仲間たち〟、みなさんがたが過去、知り合っていた友人、みなさんがたの両親が、必ずみなさんがたを迎《むか》えに来るのです。そうして、和《なご》やかに話し合いをするのです。

そのときに語れるものは何かというと、「どのような苦難・困難に出遭《であ》って、そこであなたが何をつかんだか」ということなのです。

そのときに、見事にその問題と取り組んだ人には、多くの天使たちがやって来て、「頑張《がんば》ったたね。あの苦しいときに、あなたはよく頑張り抜いたね」と言ってくれるのです。

それが、この世の土産話《みやげばなし》なのです。

健康な人も病気がちな人もいるでしょう。しかし、どのような人も、数十年のうちに地上を去ります。地位のある人も、お金のある人もまた、その例外ではありません。医学を勉強しても、やはり例外ではありません。必ず去ります。この地上を去るときに持って還《かえ》れるものは、「心」以外にない。

その「心」とは、今世、どの部分を修正し、どの部分を磨き上げ、どのような教訓をつかみ取って心のなかに入れてきたかという、この一点にかかわるのです。あの世では、みなさんが着ているものも、眼鏡《めがね》も、財布《さいふ》も、みんななくなるのです。家も土地も、そんなものは全部ない。預金通帳も、全部持って還れない。持って還るのは心だけ、ハートだけです。

そうと分かったら、何をせねばいかんかが分かるはずです。

どのような人間関係があろうが、環境が来ようが、どんな仕事をしていようが、そのなかにおいてやらねばならんことは何か。徹底的《てってい》に己《おの》が心を磨くこと以外にないということです。

そのために、まず「マイナスの発想」を捨てましょう。悲観的な、他の人々を傷つけ、そして困らすような発想はやめましょう。そういう言葉は口にするのをやめましょう。これが第一です。

## 4 「幸福の生産者」となるために②
### ――積極的なプラスを生み出す

自分の悩《なや》みにとらわれすぎず、他の人の悩みに目を向ける

そして、第二には何があるでしょうか。それ（不幸の生産者にならないこと）だけであれば、「マイナスの人生ではない」ということ、「マイナスの人間ではない」というだけのこと。それだけであってはつまらない。いや、相済《あいす》まないわけであります。もっと多くの人々を幸福にしていくような、そんな人間でなくてどうしましょう。

今回のように、こういう日本の地に二十世紀の後半に出てくるという、このチャンスは「一回きり」です。このあと、どのようなチャンスが来ようとも、このチャ

ンスは一回きりです。同じチャンスはありません。まったく同じ人間関係、まったく同じ地域、まったく同じような職業、そういうことはありません。

また、いずれかの時に、いずれかの場所で、また私の話を聞くとしても、私は大川隆法ではありません。そのときには、私は〝他の人間〟になって出ております。

「一期一会《いちごいちえ》」とは、このことを言います。そのときそのとき、一回きりであります。ゆえに、その人生において最善を生きねばならないわけであります。最善の上にも最善を積み重ねていくだけの努力、工夫《くふう》が必要であるわけなのであります。

第一段階として、マイナスの心を止めたなら、思いを止めたなら、それだけでは満足できない。いや、この逆境を逆手《ぎゃくて》に取って、積極的なプラスを生み出していかねばなるまい。

「同じような悩《なや》みを持っている人はいないか。また、自分のような非力な者であるけれども、力を貸してあげる人はいないだろうか。自分が力になってあげられる人はいないだろうか」

いるのです。そう、ちょうど、お医者さんが、病気をしていても他の患者《かんじゃ》さんを治すことができるように、みなさんは、自分個人の悩みで悩んでいたとしても、他の人たちを幸福にすることはできるのであります。それは可能なことであります。それは「観《かん》の転回」です。自分の悩みにとらわれすぎないで、他の人の悩みに目を向けたときに、自分に可能なことが、可能な言葉が、行動がそこにあるということを知るわけであります。

## 悩《なや》みと格闘《かくとう》し、洞察《どうさつ》を深めた人ほど、他の人々の悩みもよく分かる

もちろん、このなかで、数多くの真理を勉強しておられる会員のみなさんは、私にこうも問いかけてくるでしょう。「幸福の科学では『利自即利他《りじそくりた》』と言っているではないか。『自《みず》らを利し、そして、他を利していけ』と言っているではないか。自分自身がまだ自分を利したという気持ちが十分ないのに、どうして他の人々を幸福な気持ちにできるだろうか」。こういうふうに言う方もいらっしゃるかもしれま

せん。

しかし、私は言っておきます。「利する」という言葉にとらわれすぎてはいけない。この「利する」という言葉を、あまりにもこの世的に考えすぎてはいけない。自利《じり》あるいは利自という、この「利する」ということは、「目覚《めざ》める」という意味であるのです。自分が目覚めるということなのです。自分が目覚めることを「利自」と言っているのです。「真なる覚醒《かくせい》」です。真の幸福を知ること、真の真理を知ること、また人間としての自覚が深まること、これを「利自」と言っているのです。

ゆえに、自らの悩《なや》みと格闘《かくとう》しているみなさんであればあるほど、その目覚めは深くなっていくのです。「人間としての目覚め」が、「問題意識」が、そして「悟《さと》り」が、「洞察《どうさつ》」が深くなっていくのです。ゆえにこそ、他の人々の悩みがよく分かるようになってくるのです。

現時点で、みなさんが何の悩みもなく幸福でたまらない状態だから他の人を救えるかといえば、そうではないということなのです。

そのように心がツルツルであれば、他の人の本当の悲しみや苦しみが分からないことのほうが多いのです。自分を深く見たことのある人間こそが、他の人を深く見ることができるのです。

苦しみや悲しみに、それ自体に積極的な意味づけをしようとは、私は思いません。ただ、苦しみや悲しみを透過《とうか》した人特有のものとして、「他の人への優《やさ》しさ」というものがあります。他の人々の苦しみが深く分かるということなのです。

これもまた「利自即利他」でなければおかしいではありませんか。自分を深く洞察すればするほど、他の人々の悲しみが分かる。「その悲しみ」は、「愛」という言葉に極《きわ》めて近いところにあるということを知らねばなりません。「他の人の苦しみが分かる」ということも、「愛」という言葉に極めて近いところにある心境だと思わねばなりません。

そうなのです。私たちは、幸福なときだけ他の人に手を差し伸《の》べることができるわけではないのです。どのようなときであっても、そのようなチャンスはあるということです。不幸のどん底であるからこそ、幸福の頂点であるからこそ、絶頂であるからこそ、どちらにあっても、他の人々への幸福の扉《とびら》を開く鍵《かぎ》は持っているということなのです。

ゆえに、「自分が現時点でこのような悩みを持っていて、その渦中《かちゅう》にあるから、私はほかの人に対しては何もできません」と言う人は、真実を語っていないと私は言うのであります。真実を悟っていないと私は言うのであります。

今、自分が大変だからこそ、他の人の大変さが分からねばならないわけです。「やっと、今になって人々の悲しみが分かったか。苦しみが分かったか。分かったなら、そのままでよいのか」と言いたいわけなのです。これを誤解しないでください。

## 多くの人々を導こうとするなかにこそ、真理の学びも本物になる

そして、学習においても、「真に学び切ってから人を指導する」と思っている方もいらっしゃるかもしれませんが、人を指導し、導くということは、限りなく奥《おく》の深いことであるのです。勉強がすべて終わって初めてできるようなものではないのです。多くの人々を導かんとしているそのなかにこそ、本当に真理の知識というものも必要とされてくるのです。学び方が本物になってくるのです。言葉だけではなく、本当に心から出る真実の言葉が、そのときに伴《ともな》ってくるのです。

ゆえに、私はみなさんがたに言っておきたい。

真理実践《じっせん》において必要なことは、「知行合一《ちこうごういつ》」、「知る」ということと「行う」ことが一致《いっち》するという言葉でありましょう。「知る」ということは「行う」ことに等しいという考えでありましょう。

そして、このときにいちばん大事なことは、「すべてを知ってから行動するとい

うことではない」ということです。「行動」の前提において、「知る」ということは「きっかけを知る」ということなのです。「手がかりを知る」ということなのです。自分が今いかなる行動を取ればよいのかという、その手がかりが分かるということなのです。これが「知る」ということなのだ。

そして、その手がかりをつかんだからこそ、人類幸福化のための行動がそこに起こるのです。そして、その実践のなかに、さらに深い知識と洞察が必要とされてくるのです。

かくして、学びはさらに深くなり、深くなった学びはさらにそのエネルギーのはけ口を求めることとなっていきます。

## 「学習即《そく》伝道、伝道即学習」――実践《じっせん》する者に逃《に》げ場はない

ここに、「学習即《そく》伝道、伝道即学習」という考えが出てくるわけなのです。どちらか一つだけではありません。両方必要であるということなのです。「学習は即伝

道であり、伝道は即学習である」という考えがここにあるのです。知れば知るほど行動したくなる。行動すればするほど、学びの必要を感じるわけです。当然のことです。

私もそうです。みなさんがたにお話しすればするほど、学ばねばならぬことが増えてくるのです。

もっともっと真理を知らなければ、一億二千万の人たちに、どうして、それぞれの人の心に合った、その心根《こころね》に合った法が説けましょうか。数多くのことを知らねば、数多くの人の考えを知らねば、数多くの人々の心に刺《さ》さった〝棘《とげ》〟を抜《ぬ》くことはできないのです。

伝道を実践《じっせん》している人は逃《に》げ場がないということです。実践をしない人たちには、「学習をしている」という逃げ場があるかもしれない。しかし、実践をしている人にとっては逃げ場はない。「学習していない」と言うが、これは言い訳にならないということなのです。だからこそ余計に厳しく、また魂《たましい》の修行《しゅぎょう》になると言っているわけであるのです。

## 5　光の使命を悟《さと》り、光ある世界建設をせよ

### 善念に満ち、「人々を幸福にせん」という熱情に満ちた人を目指す

今、私は、本当にみなさんに申し上げたいのです。

それは、人間というのは、真に知ることによって――すなわちこれは「悟《さと》り」という言葉でありますけれども、真に悟ることによって変わることができるということなのです。

その悟りの前提は、「人間とは、その思いによって創られている存在である」という考えであるのです。「思いからすべてが始まり、思いから行動が生まれ、思いから環境《かんきょう》が生まれ、世界が生まれてくる」という考えなのです。ゆえに、「悟り」ということが非常に大事になってくるわけなのです。

あなたがたがどういう人間であるかは、今、考えていること、そして考え続けているところの、その「心の傾向性《けいこう》」そのものなのです。それがあなたがたなのです。いや、「あなた」なのです。名前ではありません。過去の履歴《りれき》ではありません。

「心のなかで思ってきたこと、今、思っていること、これから思うであろうこと」が、あなた自身であるのです。

この根本《こんぽん》原則を知った人は、時間を無駄《むだ》にすることが本当に難しくなります。

「思い即《そく》自分」であるならば、この思いを正しく素晴《すば》らしいものに導いていく以外に、手がないではありませんか。

そして、素晴らしい人間というものが、

光り輝《かがや》いている人間であるならば、
その人の思いもまた光り輝いているはずではありませんか。

「光り輝く思い」とは、いったい何でしょうか。
それは、善念に満ち、「他の人々を幸福にせん」という、
強い熱情に満ちた心ではないでしょうか。
それを「愛や慈悲《じひ》の塊《かたまり》」と言うのではないでしょうか。
そういう人を「如来《にょらい》」と言うのではありませんか。
そして、それがみなさんの人生の目的でも、目標でも、
あるのではないですか。

さすれば、今こそ、己《おのれ》の心というものを見つめ、
その心のなかにあるところの、

黒く暗い流れを断《た》ち切り、
光に満たすことこそ大事なのではないでしょうか。
そして、その光を心の内に集め、満たし、
そして溢《あふ》れんばかりにしたときに、
私たちは自《おの》ずから己の使命を悟ることになります。

## 人類幸福化とは、地上に生きる人々に「光とは何か」を教えること

「光の使命」とは何ですか。
光の使命とは、闇《やみ》を追い払《はら》うことではありませんか。
「光は光である」というその事実そのものが、
闇を追い払うのではありませんか。
暗さをなくすのではありませんか。
そうなのです。光に満たすことが大事であるのです。

光は光の存在を自覚し、
そして、光そのものであることを表したときに、
ごく自然に、そこに「光の使命」が顕現《けんげん》してくるのです。

われらの使命とは何ですか。
人類幸福化とは何ですか。
この地上に生きているところの幾億《いくおく》、幾十億の人々に、
「あなたがたは本来、光の存在である」ということを、
知らせることではないのですか。
そして、まずその前に、
彼らに、「光とは何であるか」を教えてあげることではないのですか。
もし、全世界が二十四時間、「夜」であったとしたならば、
ああ、彼らに、いかにして「太陽の光」を教えようか。

その難しさが、あなたがたにもお分かりでしょう。
二十四時間が「夜」であったならば、
そして、過去・現在・未来、そのような「夜の世界」が続いているとしたならば、
いかにして、この「太陽溢れる昼の世界」を教えますか。
その教え方は難しい。

## 地上を神の光で満たし、人々を闇《やみ》から解き放て

しかし、あなたがたは考えつくであろう。
自《みずか》らの小さな手のなかの一本のマッチを、
そうして、一本のロウソクを必ずや見つけ出し、
そして、この一本のマッチで、
一本のロウソクに火を灯《とも》さんとするだろう。
そして、その火を掲《かか》げて、言うであろう。

この火を見よ。これが「光」なのだ。
今、この世は、「夜の世界」に支配されているが、
この、私自らが灯したところの一本のロウソクを見よ。
これが「光」という存在なのだ。
この光はまだ小さく、弱く、私の周りを照らすにしかすぎないけれども、
悟ってほしい。
この光が地に満ちたときに、いかになるかを。
この光が、このロウソクが、この地上を満たしたときに、
いかになるかを想像していただきたい。
それが太陽の当たった「昼の世界」なのですよ。
そういう世界なのですよ。
あなたがたは、「夜の世界」に長年生きてきて、
もう「昼の世界」を忘れ去ったかもしれない。

しかし、わがロウソクを見よ。
いや、私だけではない。仲間を見よ。
仲間たちもロウソクを掲げているではないか。
この光が集まれば、どれほど明るくなるか見えるであろう。

そして、われらが使命は、
この地上を、このロウソクの光で満たそうとするものなのだ。
それは、本来の神の光であるところの太陽がつくる昼間には、
とうてい及《およ》ぶべくもないかもしれないが、
しかし、人々を「闇《やみ》から解き放つ」ことは可能であるはずなのです。
まさしく、私たちがやっている伝道とは、
このようなものなのです。
もう久しく、人々は心の世界において、

「昼間の太陽」を見たことがないのです。
「夜の世界」のなかに閉《と》じ込《こ》められているのです。
今こそ、光が必要なのです。

ささやかなロウソクの炎《ほのお》であったとしても、
それを自己卑下《ひげ》してはならない。
自己限定してはならない。
「小さい」からこそ意味がないと思ってはならない。
そこがすべての出発点であるということ。
人々は、その光を見て、
本来の世界を思い起こすことができるということを忘れてはならない。
人々に、まだ、
そのような希望を見る力があるということを、

そのような理想を思い起こす力があるということを、
断じて疑ってはならない。

私自身も一本のロウソクの炎にしかすぎません。
しかし、一本のロウソクの炎から、四千人の人が火を取れば、
四千本のロウソクがそこに灯るのです。
この過程は無限であります。
みなさま、どうか共に、
光ある世界建設のために、
道を同じくしていただきたいと思います。
お願いいたします。

# 第5章

# 情熱からの出発

一九九〇年四月八日　説法《せっぽう》
福島県・郡山《こおりやま》ユラックス熱海《あたみ》にて

## 1　人間にとっていちばん大切なことは「信仰心《しんこうしん》」

### 素直《すなお》に信じることができることを、断じて恥《は》じてはならない

まず最初に、みなさんに言っておきたいことがあります。

それは、前回の幕張《まくはり》メッセでの第一回の講演会（「信仰《しんこう》と愛」。本書第3章参照）でも少し触《ふ》れましたけれども、「人間にとっていちばん大切なことは信仰心である」ということなのです。

私は、この話をするまでに三年の準備期間を置きました。そして、その前には、さらに六年の探究の時期があったことは言うまでもございません。

このいちばん大切な「信仰心」という話をするのに、なぜ、それほどまでに時間をかけたのかと、お疑いになる方もいらっしゃるでしょう。

しかし、これだけは言っておかねばなりません。

今、日本の地において広まっている考え方は、非常に疑いに満ち、猜疑《さいぎ》に満ち、他の人々から騙《だま》されまいと思う、そのように自《みずか》らを護《まも》らんとする人たちの考えが蔓《まん》延《えん》しているということであります。

幸いに、地方に講演に参りますと状況《じょうきょう》は変わります。一人ひとりの方とお話はしないまでも、みなさんの考えておられることが伝わってまいります。

東北のみなさんは、最も大切なものを最も大切なものとして、素直《すなお》に受け止めるだけの魂《たましい》の生地《きじ》というものがあると、私は感じるのであります。

それは素晴らしいことです。他の何ものにも代えがたい素晴らしいことであるのです。

いかに、今流行《はや》りの考え方やファッションなど、そのようなもののなかで自分を飾《かざ》ってみたところで、いちばん大切なことさえ知らずに生きている人たちの、なんと浅く、薄《うす》っぺらく見えることでありましょうか。

たとえ、都会の人々からは、素朴《そぼく》で疑うことを知らず、ときには愚直《ぐちょく》に見えるような態度を取っているとしても、それを恥《は》じる必要はないと、私は思います。

素直であるから、信ずることができるのです。このいちばん大事なことができるのです。それは断じて恥じてはなりません。

## 人間が物質の塊《かたまり》であるなら、愛が生まれるはずはない

何を信ずるか。

言うまでもありません。いちばん簡単なことです。

この世を創られ、私たちを見守っておられる大宇宙の神がいらっしゃるということ。そして、私たち人間は神の創られた子供であるということ。

この単純な事実から出発いたします。

ただ、このわずか一行にもなるかならないかの真理、真実の言葉が信じられない人が大部分であるのです。

しかし、考えてもみてください。

人間が偶然《ぐうぜん》に出来上がり、そして、偶然に出来上がったのみならず、ちょうどぜんまい仕掛《じか》けの人形か何かのように、魂なく動いているだけの存在だという考えを前提にするならば、そこに、どうして「愛」が生まれてきましょうか。お互《たが》いに偶然に出来上がったものであって、物質の塊《かたまり》であるというならば、物質がぜんまい仕掛けのように動いているというだけであるならば、そこに愛が生まれるはずもありません。

愛だけではありません。もっと素晴らしい、人間的な多くの高貴な感情はすべて「魂の属性」であるのです。美しさを見て感動する心、誠実さを見て喜ぶ心、素直さを見て尊いと思う心。そして、自らの命をも厭《いと》わずに神のために生きていく人たちを見たときのその感動は、唯物《ゆいぶつ》的なものの見方からは決して出ないのであります。

唯物的なものの見方からは、「物質が溢《あふ》れ、環境《かんきょう》がよくなれば人間は幸福だ」という考えもあるでしょう。

しかし、環境は恵《めぐ》まれずとも、物質は恵まれずとも、喜々として魂の喜びのなかに生きている人たちがいる事実を見るにつけても、そんなものは真実ではありえない、そんな思想は真実ではありえないと思うのであります。

他の人々が自らと同じく神の創られた存在であると思うからこそ、人を愛するということが、当然のことであり、値打ちのあることとなるわけです。

そうして、神が宇宙を創られ、人間たちを創られて、今もなお見ておられると信ずることが、どれほどまでに私たちの生き方を素晴らしいものと変えてゆくでしょうか。

その「目」があるからこそ、「大いなるものが見続けているという考え」、「熱い眼差《まなざ》しを送り続けているというその確かな手応《てごた》え」があるからこそ、私たちは、日々、自らを律し、素晴らしき人間となってゆくために、自己改革に励《はげ》むのではないでしょうか。私はそう思います。

## 神を信ずる者にとっては、すべては輝《かがや》きに満ちて見える

もし、みなさんが、塵《ちり》が集まってできた存在であるならば、ゴミのごとき物質が集まってできた存在であるならば、みなさんに「己《おのれ》の姿を変えよ」とは、私は申しません。みなさんに「理想を持て」とは申しません。みなさんに「他の人に優《やさ》しくせよ」とは申しません。

しかし、真実は、神が人間を創られ、そして見守っておられるということであり、この事実を受け入れたところで、何一つ、私たちが困ることはないのであります。その事実を受け入れて困る人間は、生きている間に、さんざん自分のやりたい放題のことをし、他の人々に迷惑《めいわく》をかけていく人たちだけであるはずです。

彼らは、その後の人生を恐《おそ》れるに足るでしょう。死んで何もかもなくなると思えばこそ、そのような生き方ができるのでありましょう。死んで〝なくならない〟としたならば、死んで後《のち》に〝命がある〟とするならば、大変なことであります。その

ような無軌道《むきどう》な生き方をするということは、彼らは真に恐れてよいでしょう。「『真に信ずる』ということを恐れてもいいだけの理由がある」と言えましょう。

けれども、人間としてその存在が是《ぜ》とされ、また、他の人々にも「こういう人と一緒《いっしょ》に生きていてよかった」と言われるような人であるならば、この信仰を当然のことと受け止めて何ら恥じることはないはずであります。そして、それは素晴らしいことです。

みなさまが、今、どのような姿として自分が出ていたとしても、「本来、神の子として創られた存在であるならば、無限の可能性があるのだ」と、「自分は磨《みが》いていけば、まだまだ光っていくのだ」と思えるからこそ、個人としても素晴らしくなり、社会としても素晴らしくなってゆくのであります。

そうです。これは、どうしても飛び越《こ》えねばならない最初の関門であるのです。

神を信ずる者にとっては、すべては輝《かがや》きに満ちて見えます。世界は宝の山に見えます。

しかし、神を信じない者にとっては、ああ、世界はどのように見えることでしょうか。

そのたった一つの心境の違《ちが》いのみで、見える世界までが違ってくるのであります。同じく数十年の人生を生きるのであるならば、損得で考えても、素晴らしい人生を生きるほうを取っていくことが「人間として当然の義務」であると、私は思うのであります。

## 2　幸福の科学の会員になる意義とは

### 人類の理想を胸に、日々の自己変革が求められる幸福の科学の会員

さて、素朴《そぼく》なる信仰《しんこう》の話をいたしました。しかし、これにはまた、幸福の科学には「幸福の科学特有の考え」がございます。

それは、単に「大宇宙にある神を日々信じ、その名を唱えよ」と言っているわけではありません。私たちは「三宝帰依《さんぽうきえ》」という言葉を使っています。

「三宝」とは三つの宝です。三つの宝とは、仏《ぶっ》・法《ぽう》・僧《そう》です。「仏《ぶっ》」とは仏《ほとけ》、すなわち、神の経綸《けいりん》をその手にして、地上に法を説く存在。そして、「法」とは、仏《ぶっ》陀《だ》の説かれた教えであり、「僧」とは、この仏陀と仏陀の説かれた法を中心として、その真理を地上に広めていく人たちの集団であります。

そこで、私はいつもの講演会では決して言わないことであるのですが、今回、特に特別講演会という、こういう機会でありますから、「幸福の科学の会員の意義」について述べておきたいと思うのであります。

はっきり言って、幸福の科学の会員になった方となっていない方とでは、まったく違《ちが》うのです。それは、みなさんはそれほどには思わないかもしれない。

例えば、まだ幸福の科学の会員になっていない人のなかには、「自分は、すでに五十冊もの真理の書籍《しょせき》を読んでいるし、それに講演会などは公開されているから、それを聴《き》きに行けば会員と変わらないではないか」と思っている人もいるでしょう。

ところが、全然違うのです。

何が違うか。それは、まず、「心構え」が根本的に違っているのです。幸福の科学の会員になるということは、〝逃《に》げ場がない〟ということなのです。分かりますか。

みなさまがたは、会社に勤められたり、あるいはいろいろな職場を持っておられたり、また家庭のなかにおられたりするでしょう。そのなかで、つらいこともあるでしょう。苦しいこともあるでしょう。そして、逃げ場を探してもいるでしょう。

しかし、この幸福の科学というところは、いったんここで己《おのれ》自身を見つめるということを始めたならば、もはや、逃げ場のない世界でもあるのです。絶えざる自己変革を求められるところであるのです。

なぜならば、当会のなかで説かれている真理は、人類の理想であり、人類の理想を日々胸元《むなもと》に突《つ》きつけられて、会員として「正しき心の探究」をし続けるということは、そのままではいられないのです。変革することを余儀《よぎ》なくされるのです。自己変革――自己を変えていこうと思うからこそ、会員としての資格を維持《いじ》することができるのです。変えようとしない人には、維持すらできないのです。「そのままでよい」と思っている人は、必ず会員でいることはできなくなってくるのです。だから大変であると言っているのです。全然違うのです。

幸福の科学には、入会と三帰誓願《さんきせいがん》というものがあります（編集注。本法話《ほうわ》が収録された当時は「正会員」「誌友《しゆう》会員」制度が取られていたが、現在は「三帰誓願者」「入会者」制度に移行している。巻末の「入会案内」参照）。そして、この三帰誓願者こそが、実は、現代の日本において集《つど》っている〝光の牙城《がじょう》〟であるのです。光の集団であるのです。大変なことなのです。この〝光の戦士〟たちが今の日本に集ってきているということは、これは大変なことなのです。

この光の戦士こそが、これからの日本を変え、真理の国、真理国家としていくための戦力であり、現に苦しみ悩《なや》んでいる人たちを救っていく人たちであるという厳《げん》粛《しゅく》なる事実があるのです。

この光の戦士は、はっきり言って一人でも多いほうがよいのです。一人でも多くの力を結集しなければ、この世紀末において、この混乱の世の中において、方途《ほうと》なき時代において、人々を指導することが難しくなってくるのであります。

## 幸福の科学に入ることの「霊的《れいてき》な意味」とは

また、幸福の科学の三帰誓願者であるということは、単に書面の上で名前が載《の》っているというだけのことではないのです。それ以上の意味が、実はあるのです。このことについてお話をしておきましょう。

みなさんも一部読まれていますように、天上界《てんじょうかい》には「七色《なないろ》の光線」というものがあります。

例えば、白い光線という、イエスを中心とした愛の光線があります。紫《むらさき》の光線は、孔子《こうし》とか日本の天照大神《あまてらすおおみかみ》などを中心とした秩序《ちつじょ》の光です。それ以外に、老荘《ろうそう》思想のように、調和と芸術を重んじた緑の光線もございます。ソクラテスやプラトン、ヘーゲルたちのような、知的な、哲学《てつがく》的な色合いを持った神の光としての、そのようなブルーの光線もございます。ニュートンなどを中心とした技術者たちの銀色の光線もございます。

しかし、今起きているこの事実、この幸福の科学を中心とするところの人類幸福化の運動は、この七色光線の中心であるところの金色光線、「黄金の光線」と言ってもよい、この仏教的なる色彩《しきさい》を持った中心光線の集まりであるのです。

ここで三帰誓願者になっていく人たちは、この「黄金光線」の系統のなかに入るのです。その魂《たましい》系団のなかに組み入れられます。はっきりと入るのです。

「入る」ということはどういうことかと言いますと、今世《こんぜ》において、その黄金色の光線の下《もと》に真理流布《るふ》の仕事をすると同時に、この地上を去った世界においても、「仏弟子《ぶつでし》」として生きていくということなのです。この地上を去った世界において、みなさまがたが学ぶときに、みなさまがたの師となるのは、仏教的なる先輩《せんぱい》がたです。そういう教えを信じている先輩たちがやって来て、みなさまがたを指導するのです。

万一《まんいつ》、不運にも、運拙《うんつたな》く、この地上を去ったときに天上界に還《かえ》ることができなかったとしても、地獄《じごく》の世界までみなさまがたを救いに行くのは、私と、私を支えている光の仲間たちであるということです。みなさまがたの先生は、ほかにはいないのです。私の名を呼ぶしかないのです。

そのときに、今、私のところで共に法を支えている者や、まだ地上にはいないが実在界において応援《おうえん》している人たちが駆《か》けつけてくるということなのです。そういう約束事であるのです。

そして、さらに述べるとするならば、みなさまがたが真理の書に触《ふ》れ、真理のCDを聴いたりして学んで、決意して、そして、「よし、正しき心の探究ということを一生の課題として、幸福の科学の三帰誓願者として、光の戦士として、生きてゆこう」と決意し、そして三帰誓願をした日には、みなさんの心の歴史である「想念《そうねん》帯《たい》」というレコーダーのなかに、〝金色の文字〟でその日が刻印《こくいん》されているのです。それは事実なのです。そういう日であるのです。

それは、みなさまがたの魂が変化する日なのです。三次元的なる生き方と決別し、この地上において、みなさんがたが第一段階の悟《さと》りの入り口に立ったという日であるのです。その本来の使命に目覚めて、「やらねばならん。己に使命があった」ということを気づき、立ち上がった日であり、最も記念すべき日でもあるのです。

みなさまがたの一人ひとりには守護霊《しゅごれい》という存在がついておりますが、そのとき以来、みなさまがたの守護霊は大変なことになるのです。安閑《あんかん》としていられないのです。今までは、普通《ふつう》に平凡《へいぼん》に生きていた人をそれなりに見ていればよかったところが、三帰誓願者になって光の戦士になった日から、みなさんがたの守護霊は大変な経験をします。

その大変な経験とは何であるかというと、幸福の科学の指導霊団《しどうれいだん》との接触《せっしょく》が始まるのです。

そのときから、守護霊は厳しく注意を受けます。「おまえはそんなことでよいのか。それで使命を果たしているのか。正しく指導をしているのか」と厳しく指導をされます。地上に生きている人間だけではなく、地上に生きているみなさんを指導しているという指導霊、守護霊たちも、新たな体験を積み、霊的な向上を目指さなければならなくなるのであります。そういうことなのです。大変なことであるのです。

だからこそ、そこに決意が生まれ、だからこそ、そこに何事かをなさねばならぬという思いが、ふつふつ、ふつふつと込《こ》み上げてくるのであります。それは、人生最大の転機であるということを知らなくてはなりません。

私は〝安っぽい勧誘《かんゆう》〟のために言っているのではありません。「事実」を述べているのです。

たとえ、いくら外部にいて本を読んだところで、本当には分かっていないのです。なぜか。〝甘《あま》い〟のです。非常に〝甘い立場〟なのです。ちょうど、冬の日にこたつに入ってみかんを食べながらテレビを観《み》ているようなものなのです。そんな甘いものなのです。

それを「野狐禅《やこぜん》」といいます。野狐禅――本来の禅の精神に近づくことなく、そのような雰囲気《ふんいき》を自分で楽しんでいる状態と言ってもよいでしょう。悟ったような雰囲気を楽しんでいる状態と言ってよいでしょう。しかしながら、魂の進化には何ら資することがない。そういう状況《じょうきょう》であります。

## 日本に真理の太陽を昇《のぼ》らせるために一人でも多くの力が欲《ほ》しい

今、私たちは、三年間の準備期間を終え、「サンライズ'90《ナインティ》」、真理の太陽が昇《のぼ》る一九九〇年として誓《ちか》い、全国に行動を起こしておりますが、一人でも多くの三帰誓願者が欲《ほ》しいと思います。この力が日本を変えてゆくのです。

そして、実は、私の力も、私個人の力ではないのです。私に対して、先ほどの「三宝帰依」の話どおり、帰依をし、信じてくださる方が増えれば増えるほど、私の力は増幅《ぞうふく》されてゆくのです。本当に救世のエネルギーになってゆくためには、この世を去った世界のみならず、この地上にも、この真理の流布という目的を理解してくださり、この方針についてきてくださる方が多数いなければ、この仕事はできないのです。

日本には一億二千万人の方がいます。これらの人々を変えてゆくには、ものすごいエネルギーが要《い》ります。ものすごい精神エネルギーです。たとえ百万人の会員がいたとしても、百万人の力で一億二千万人近い人を変えていくのは大変なことです。さすれば、それだけの人数であっても、ものすごい情熱がなければ絶対に変えていけないということです。

ところが、目標はさらに大きい。世界五十二億です（説法《せっぽう》当時）。これを目標にしております。大変なことなのであります。それゆえに、エネルギーの結集ということが非常に大事であるのです。

そのような光の力が結集しなければ、とうてい、この肉体に宿っているところの、私一人の有限の力でもっては、全人類、全日本人、こういう人たちを幸福にするだけのエネルギーは足りないのです。これが事実であります。

## 3 「学習と伝道」を通し、真理の目覚めを与《あた》えよ

### 幸福の科学が掲《かか》げる「真理の探究・学習・伝道」の意味

さて、そういう話を聴《き》いたならば、みなさんがたは、ある質問を私に投げかけられるでしょう。

「幸福の科学を始めたときに、『真理の探究・学習・伝道』、この順序が大事であると言ったはずだ。探究・学習があっての伝道であると、そういうふうに言ったはずだ。ところが、まだ自分は探究・学習が十分ではない。ゆえに伝道はできない」とおっしゃる方は非常に多いのであります。

そこで、そうした方々のためにも、簡単にもう一度ご説明を申し上げます。

まず、「真理の探究」とは何でしょうか。みなさんは、自《みずか》らが置かれている環境《かんきょう》

のなかにおいて、常によりよき人生を求めているでしょう。それぞれの人の置かれた立場は違《ちが》います。その違う立場のなかにおいて、真理というものを模索《もさく》し、そして自らの生き方を探《さぐ》っていく、この「姿勢」。向上していこう、そして真なるものをつかんでいこう、よくなっていこうとする、この「精進《しょうじん》の姿勢」。これを「探究」といいます。

そして、「学習」とは、現に出ているところの真理の書籍《しょせき》を読み、学び、そしてCDを聴き、講演会やセミナー等にも出て、自分自身のものにしていくこと、「魂《たましい》の糧《かて》」に変えるということです。探究よりも、もっとはっきりとした具体的な現実がそこに待っています。現に理解しなければ駄目《だめ》だということです。単に、求めているだけでは、探究しているだけでは駄目です。現に、ものにしなさい。その真理を自分のものにしなさい。その真理に基《もと》づいて自分自身の問題を昇華《しょうか》し、他の人々の問題をも解決できるだけの力が必要です。そこまでできる力を身につけて、「学習できた」と言えるのです。こういうふうに申しております。

そして、そういう学力がついて、次に「伝道」という、法を他の人に伝える段階が来るのです。

こういう理想的なる三段階論を説いているわけであります。

## 真理を学ぶことは、車にガソリンを入れて走らせるようなもの

しかし、私は、この考え方が、一部の人たちにとっては〝何もなさざることの隠《かく》れ蓑《みの》〟に使われていることをたいへん残念に思います。自分が何もなさないことの、あるいは、別な言葉で言うならば、恥《は》ずかしがっていることの、臆病《おくびょう》であることの、隠れ蓑に使われているということを残念に思います。

では、「伝道」、すなわち真理の具体的活動について、「伝道をするには、自分は勉強ができていない」とおっしゃる方よ。「そんなにやっていますか、真剣《しんけん》に」といえば、そうではないはずです。まだまだ、〝気分を味わっている〟〝気分に酔《よ》っている〟段階であるはずなのです。

最近、ここ数カ月の間に、幸福の科学では「学習即《そく》伝道」「伝道即学習」ということを掲《かか》げてくるようになりました。その言葉自体は抽象《ちゅうしょう》的には分かるが、具体的には分からぬという人もいるでしょう。

ならば、具体的に言ってみましょう。

「学習即伝道」「伝道即学習」と言うが、具体的に言うなれば、「週に一冊以上の真理の書ぐらいは読みなさい。週に一冊以上の真理の書を読んだら、週に最低一人以上の人には真理の種をまきなさい。真理の話をしてみなさい」ということです。簡単なことです。当然でしょう。

では、週に一人ぐらいの人に真理の話をするのに、忙《いそが》しくて真理の書が一冊も読めないのですか。そんなことはないでしょう。そんなバカな話はありません。

そして、いろいろなことを学んでいるからこそ、話す材料が豊富なのでしょう。

人と話をするのが苦手《にがて》だという方はいっぱいいらっしゃいます。しかし、その「苦手だ」と言う人をよくよく見てみると、たいていの場合には話題がないという事実に突《つ》き当たるのです。これは一般《いっぱん》的な世界でもそうです。一般論で言っても、人と話をするのが苦手だという方は多いでしょう。その現実は何かというと、「話す材料がない」ということがほとんどであるのです。現に話す材料があれば言えるのです。

主婦のみなさんがたなどは、カルチャーセンターなどへ行っても、「何もしゃべれない」と言って尻込《しりご》みされ、黙《だま》っておられることが多いと聞きます。そういうときでも、自分の得意な箇所《かしょ》にまいりますと、あるいは、過去、読んだ本の話に出くわしたり、過去、経験したことが出てくると、とたんに饒舌《じょうぜつ》になるのです。そして、それを通り過ぎると、また沈黙《ちんもく》を始める。結局、材料の問題だということが明らかなのです。明らかに分かります。

だから、学習は、そうした材料づくりのために、どうしても必要なのです。

車は、常にガソリンを入れ続けなければ走らないでしょう。そのとおりなのです。

真理を学び続けるということは、「ガソリンを入れる」ということです。ガソリンを入れて、車は走る。どちらかだけではないのです。車にガソリンを入れるだけでは、入れても意味がないのです。走っているだけでは燃料が切れます。当然です。ガソリンを入れて走り、ガソリンを入れて走り、これで本来の車の機能が果たせるわけであるのです。

## どんな人にもふさわしい話ができるために、常に真理の学習を

では、「週に一人ぐらいには真理の種をまけと言うが、いったいどうまけばよいのか。それが分からない」という方もいらっしゃるでしょう。

しかし、恐《おそ》れることはありません。私は今「材料を集める」ということを言いましたけれども、みなさんは、しっかりと真理の学習をしていれば、どんな場所で、どんな人と、どんなときに会っても、その人にふさわしい話ができるようになってくるのです。

なぜできるようになってくるか。

それは、常に真理を学んでいるという過程において、みなさんがたの心は、みなさんがたの守護霊《しゅごれい》とだんだんに同通してくるようになるのです。みなさんがたの守護霊は、みなさんがたのことをいちばんよく知っている人です。そして、みなさんが、本来の「真理の種まき」の作業を、真理の話を人にしようとするときに、必ず助力してくださるのです。

ですから、思わず知らず、口をついて、自分でも信じられないような言葉が出てくるのです。自分ではないような言葉が出てきます。そんな体験を、これからいくらでもされるでしょう。やればやるほど、それを経験するでしょう。

これが自分なのだろうか。あれほど気後《きおく》れして、人に話すのが苦手だった自分なのだろうか。その自分が、相手が一人であればその人に合った話題をし、複数であれば複数の人を満足させるような話をし、演壇《えんだん》に立てば観衆を満足させるような話ができる。

まことに不思議な現象が出てくるでしょう。あなたがた個人にとっては、奇跡《きせき》にも近い現象が出てくるでしょう。それを味わうでしょう。

その口が〝あなたがたの口〟ではなく、その目が〝あなたがたの目〟ではなく、その手が〝あなたがたの手〟ではないような動きが出てくるでしょう。

それが、日々、精進している結果なのです。

私の言っていることが正しいかどうかは、自分自身、実践《じっせん》してみればよく分かります。間違いないのです。自分が自分ではないような、そのような姿になります。

そして、思わず知らず対機説法《たいきせっぽう》ができるようになっていきます。

## 相手への優《やさ》しささえあれば、その場で必要な言葉と行動が出てくる

対機説法ができる根底には何があるか。

それは、相手への「優《やさ》しさ」です。相手への優しさなのです。相手の「気持ち」が分かるということ。相手の「立場」が分かるということ。「欲《ほっ》しているもの」が分かるということ。これが優しさです。

例えば、親御《おやご》さんであるならば、自分の子供が、あるいは赤ん坊《あかんぼう》が、今何を欲しているか、すぐ分かるでしょう。赤ん坊が泣けば、何を求めているかすぐ分かるでしょう。ミルクが飲みたいのか、おむつを替《か》えてほしいのか、それがすぐ分かるでしょう。それは、常に愛を注ぎかけているからです。常に関心を持ち、優しい心があるからです。だから、分かるのです。

同じように、他の多くの人々に関心を持ち続け、優しい眼差《まなざ》しと優しい心で接し続けている人には、対機説法など学ばなくとも分かるのです。相手の気持ちが、立場が分かるので、欲しいものが分かるのです。今、言ってあげねばならぬことが何であるかが分かるのです。何の工作をすることも、衒《てら》うことも、必要ではありません。優しい純粋《じゅんすい》な思いを持っていくことです。そうすればできるのです。

ところが、そこに、変な自我が入ってきて、プライドが入ってきて、自分なりのつまらない美学みたいなものにとらわれると、つまずくのです。自分なりのやり方にとらわれる。そうすると、つまずきを覚えるようになります。

必要なのは「優しさ」なのです。相手への「関心」なのです。相手に「よくなってほしい」という気持ちなのです。これさえあれば、その場その場で、必要な言葉と行動が出るようになります。

## 真理の縁《えん》で、人生が変わるきっかけを与えることも「愛」

どうしても、それさえできないという方であるならば、真理の書物の一冊を差し上げることであってもよいでしょう。あるいは、書物では大きいというのならば、小冊子の一冊を差し上げることでもよいでしょう。活字が読めないというならば、CDの一つを差し上げることでもよいでしょう。それでも真理の種をまいたことになります。

また、知っている人にそれさえできないという人であるならば、書店に行って真理の書がそこに並ぶように注文を取ること一つでさえ、種まきになるでしょう。そういうことはできるはずです。

考えてほしいのです。難しいことを言っていません。週に一冊ぐらいは、最低一冊は真理の書を読みましょう。週に最低一回は真理の話を誰《だれ》かにしましょう。他の人が目覚めるためのきっかけを与《あた》えましょう。簡単なことです。できないわけがありません。

それをできないと思うのは、己《おのれ》に対する甘《あま》えの心、自分の臆病な心を護《まも》ろうとする〝殻《から》〟があるからです。

たとえ、日常の仕事において評価を得られない方であっても、営業やセールスが下手《へた》であるといわれる方であっても、真理の世界においてはまったく違った場面が出てくるのです。

それは、私たちは銭金《ぜにかね》のためにやっているからではないのです。真実のために、人の心のために、幸福のために、やっているからこそ、〝商売の下手な人〟ほど、実際は真理の伝道が上手なのです。朴訥《ぼくとつ》であり、そうして、誠実であり、素直《すなお》であり、飾《かざ》り気《け》がないからこそ、そんな素人《しろうと》っぽい人が言うからこそ、それは真実であると伝わるのです。

だから、自己規定をしてはなりません。自己限定をしてはなりません。自分は、他のところでそういうことができないから、これもできないというふうに思ってはなりません。

最低、週に一人ぐらいには真理の種をまいてあげてください。

みなさんも、どこかで縁《えん》を持って、そしてこの世界に入れたのでしょう。しかし、まだ、縁があれば目覚めることができるのに、その縁がない人がいっぱいいるのです。その「縁」を与えてあげることは「愛」なのです。「与える愛」と言っているが、それは抽象的なものではないのです。きっかけを与えることなのです。あとは、自分で道を進んでくるでしょう。きっかけは大事なことであるのです。

私がこの道に入るにも「きっかけ」がありました。きっかけがなければ、人生は変わっていくことがないのです。それは、非常に大事な大事なことであるのです。その後のことは、各人が責任を持てばよいでしょう。しかし、きっかけは、やはり与えられるのです。それも愛だということを忘れてはなりません。

## 4　伝道において大切な「失望との闘《たたか》い」

### 悪魔《あくま》が人々を狙《ねら》ういちばんの道具は「失望」という名の楔《くさび》と知る

さて、以上で、「信仰心《しんこうしん》の大切さ」、また、「幸福の科学の会員であることの意義」、そして、「学習と伝道」についての簡単なお話を申し上げました。

伝道期に入るに際して、みなさまがたに言っておきたいことは、私には山のようにあります。しかし、そのなかで、どうしても言っておかねばならぬことを先に言っておきましょう。

最近読んだ本にこんな話が載《の》っておりました。それは、悪魔《あくま》が仕事じまいをしようとして、店じまいをしようとして、自分の商売道具を売りに出したという話です。お客さんが来て、そして、悪魔が売りに出したその道具をいろいろ見ているわけだけれども、そこで見ていますと、例えば「嫉妬心《しっとしん》」とか「猜疑心《さいぎしん》」とか「取り越《こ》し苦労」であるとか、あるいは「欲望」だとか、このような道具がいっぱい置いてあるのです。悪魔が人間の心に取り入るための道具です。そういうものがいっぱい売りに出してある。

そのなかで一つだけ、ものすごく高い値段が付いている道具があったというのです。その道具は楔形《くさびがた》をしていた。そして、非常によく使い込《こ》んだ形跡《けいせき》があった。高い値段をしている。

「これはいったい何ですか」とお客さんが訊《き》いた。そうすると、悪魔はニコニコと笑いながらこう答えた。

「これが『失望』っていうやつなんですよ。どんな誘惑《ゆうわく》にも負けない人間でも、この『失望』という名の楔を打ち込むと、そのあとから何でも入り込めるんですよ。だから、これは重宝で、なかなか手離《てばな》せなかったものなんですよ。だから、これは高い値段が付いているんです」

こういうふうに悪魔は語ったという話です。

なるほどと思いました。

みなさんのなかにも、誘惑に強い方はいっぱいいるでしょう。真理を求め、精進《しょうじん》している人たちのなかには、さまざまな誘惑から身を護《まも》り、そして、頑張《がんば》っていくという、不退転《ふたいてん》の意志を持っている方も多いでしょう。

しかし、悪魔は言うそうです。「『失望』という名の楔を打ち込んだら簡単だ」と。「そこで穴を開《あ》ければ、あとは猜疑心であろうが、疑いであろうが、嫉妬心であろうが、欲望であろうが、金銭欲であろうが、名誉欲《めいよよく》であろうが、何でもかんでも入り込める。そして、狂《くる》わせられる」というのです。そういう話です。

私たちは、その話を聞いて負けるわけにはいかないのです。「失望」というものが、悪霊《あくれい》や魔たちが、私たちをいちばん狙《ねら》っている道具であるとするならば、これに対して護りを固めねばなりません。

例えば、伝道期に入って、一人の人に本をあげた。ところが、「こんなインチキな本、読めるか」と言って投げ返された。それで失望して帰ったら、その陰《かげ》で悪魔が笑っていると思わねばならない。「しめしめ、楔が一本入った。これから、何でも言えるな。この人の心のなかに何でも差し込むことができるぞ。あとは自由にできるぞ」とニヤニヤと笑っているわけです。

負けてはなりません。「失望」との闘《たたか》いこそ、伝道期においていちばん大事なことであるのです。

## 失望の楔を薙《な》ぎ払《はら》うのは「情熱」であり、その根源は「信仰心《しんこうしん》」

では、どうすれば、失望しないでやっていけるのだろうか。

私は、本日の演題であるところの、この「情熱」、これしかない、そう思います。「失望」という名の楔を薙《な》ぎ払《はら》うのは「情熱」です。そうだと思います。この情熱があればこそ、たとえ、心のなかに「失望」という楔を打ち込まれても、これを弾《はじ》き返す力が出てくるのだと思うのです。

では、その情熱は、いったいどこから生まれてくるのでしょうか。

私は、情熱の根源、その最も大きな泉は、「信仰心《しんこうしん》」だと思います。「神を信ずる力」だと思います。信ずる力が強ければ強いほど、情熱もまた溢《あふ》れてくるのです。それは言葉だけの問題ではありません。事実であるのです。

信仰とは、別の側面から言うならば、「神よ、私たちは自《みずか》らの使命を果たしたいのです。お役に立ちたいのです。神よ、あなたの手足となってユートピア実現のためにやりたいのです。どうぞ、私にお力をお貸しください」ということでもあるのです。その声に、親である神が応《こた》えないわけがないのです。

そのときに、体は熱くなってきます。力が満ちてくるのです。もうこれで最後だと思ったときに、ふつふつ、ふつふつと湧《わ》き上がってくるものがあるのです。

# 5　聖なるもののために情熱を持って伝える

## 神のために活動せんと思う人には無限の情熱が湧《わ》き上がる

この情熱を、無限ならしめるためには、途切《とぎ》れることなく湧《わ》き立たせるためには、必要なことはただ一つです。

それは、己《おのれ》自身のことを考えすぎないことです。

自分自身のプライドや、見栄《みえ》とか、立場とか、あるいは自分を取り巻く人たちの目とか意見とか、こんなものでフラフラしないことです。こういうものでフラフラしているというのは、すべて自己中心的な発想から来ているのです。「自分がかわいい」という思いから来ているのです。

そのときに、「向かう方向は違《ちが》いますよ」と言っているのです。向かう方向とは、すなわち「上」です。「上」ということが分からなければ「神の方向ですよ」と言っているのです。

真なるもののために、聖なるもののためにやらんと、活動せんと思っている人には、情熱が湧き上がってきます。これはすべての人が体験しうるところの「奇跡《きせき》」であります。

なぜ、わが体内に、これほど熱く血潮《ちしお》が燃えるのか。

なぜ、これだけの気力が湧いてくるのか。

ああ、これが奇跡の一つなのだと知らねばなりません。

キリスト教においても、伝道者たちは、あの赤道直下のコンゴでもどこでも乗り込《こ》んでいって、そうして、その苦しいところのなかにおいて、自《みずか》らの使命を果たしております。

彼らを動かしているものは、彼らの名誉心《めいよしん》ではありません。利得でもありません。彼らはイエスの愛のために動いているのです。

彼らの師であり親であるところのイエスは、愛の人であった。与《あた》え続けた人であった。

そのイエスに学んだ以上、与え続けることが己の使命であると思って、そのような悪《あ》しき環境《かんきょう》においても行動ができたわけであります。

## 今の日本の環境《かんきょう》は、真理を伝えるのにありがたい環境

しかし、この今の日本は、極《きわ》めて稀《まれ》なる環境《かんきょう》にあります。交通の便もよくなりました。情報はすぐ伝わります。どこでどういう人がどんなことをしているかが、すぐ分かるようになってきました。ありがたい環境です。

こんな素晴《すば》らしい環境下において真理を伝えることができないとすれば、それは、その真理の十字架《じゅうじか》を担《にな》っているところの「私たちの非力」以外の何ものでもありません。言い訳はできません。

その情熱を、天上界《てんじょうかい》からの情熱を知るということは、愛の種をまかずして生きて

いくことができないということであるのです。

みなさんは、数多くの書物のなかで、名のある高級諸霊《こうきゅうしょれい》たちが、力の限り、声の限り、メッセージを送っているのが分かるでしょう。その言葉のなかに、どれほどの、彼らの利得のための思いがあるでしょうか。

すべて、その書を読む人たちの心の迷いを取り除き、幸福にせんとする思いで満ちているはずであります。

さすれば、それを知るということは、真に知ったということは、驚《おどろ》かなくてはいけません、その厳粛《げんしゅく》な事実に。

そして、目の前に広がっている世界は、

ああ、なんと、真理の伝道にたやすい環境でありましょうか。

書物という、こんな手ごろな手段があります。

過去の時代にはそうではなかった。

数多くの僧侶《そうりょ》が、一字一字写経《しゃきょう》して、その経典《きょうてん》を運ぶということは、
どれほどの苦労であったろうか。
命を懸《か》け、舟《ふね》で渡《わた》り、その法を伝えんとした。
また、ヒマラヤの山を登って伝えんとした。
ところが、今は活字がある。ＣＤがある。
こんな簡単な時代です。
それでできなければ、
われらには情熱の欠片《かけら》もないということになってしまいます。
そんなことであってよいのでしょうか。

この雨のなか風のなか、幾《いく》時間かけて、
この地にいらっしゃったみなさんであるならば、
その情熱を出すだけの才能を、今、お持ちのはずです。

才能を持っていても、
その才能を使わなければ、生かさなければ、
その才能は死んでしまいます。

私一人が、声を嗄《か》らして講演しても、
残念ですが、今年には十数万人の人にしか話ができないのです。
残念で残念でしょうがありません。
涙《なみだ》が流れます。
残念ながら、私の力をもってしても、
毎日毎日、大講演を続けて全国の人に聞かすことができないのです。
つらいです。この悔《くや》し涙が幾夜《いくよ》流れているか、あなたがたは分かるでしょうか。

## 週に一度、真理の書を読み、真理の種をまいていこう

しかし、みなさまがたには、その口があり、
その目があり、耳があり、手があり、足があるではないですか。
さすれば、この心情の一端《いったん》なりとも分かっていただけるのであるならば、
もう一度言います。

週に一度、真理の書を読むぐらいを厭《いと》ってはなりません。
週に一度、真理の種をまくことぐらい、そんなことを厭ってはなりません。

どうか、
「失望」という名の悪魔《あくま》の楔《くさび》を打ち返して、
「情熱」という楔を悪魔の体に打ち込んでください。

それが、今日、私がみなさんがたに言いたいことです。
情熱を持って、今年、やりましょう。
私はやるぞ！　みなさんもやろう！（会場拍手《はくしゅ》）

# あとがき

『平静心』『悟りの極致《きょくち》とは何か』『信仰と愛』、『光ある時を生きよ』『情熱からの出発』、どれも忘れがたい講演である。

そして二度とできない説法《せっぽう》である。

本書を読んで私が何者《なにもの》であるか、分からない人は、この時代に生まれて来たこと自体《じたい》、空《むな》しかろう。

あなたがたは、救世主《きゅうせいしゅ》と共に生きていることを、悟るべきだろう。

あらゆる権威《けんい》を超《こ》えて、時代と共に巨大な光が存在していた。

それは、今までも、これからも、どんな時代が来ても、神が人類を見捨《みす》てなかったということだ。

二十世紀から二十一世紀に、再臨《さいりん》のキリストと未来仏《みらいぶつ》の再誕《さいたん》が、同一人格《どういつじんかく》の中に宿《やど》ったということだ。その名が「エル・カンターレ」と呼ばれたことを人類は記憶《きおく》することだろう。

二〇二一年　三月二十一日

幸福《こうふく》の科学《かがく》グループ創始者兼総裁《そうししゃけんそうさい》　大川隆法《おおかわりゅうほう》

『大川隆法　初期重要講演集　ベストセレクション③』関連書籍

『大川隆法　初期重要講演集　ベストセレクション②』
（大川隆法 著　幸福の科学出版刊）
『真説・八正道』（同右）
『仏陀再誕』（同右）
『仕事と愛』（同右）
『常勝思考』（同右）

大川隆法《おおかわりゅうほう》　初期重要講演集《しょきじゅうようこうえんしゅう》
ベストセレクション③
――情熱からの出発――

2021年4月9日　初版第1刷

著　者　大《おお》川《かわ》隆《りゅう》法《ほう》

発行所　幸福の科学出版株式会社
〒107-0052 東京都港区赤坂2丁目10番8号
TEL(03)5573-7700
https://www.irhpress.co.jp/

印刷・製本　株式会社 堀内印刷所

落丁・乱丁本はおとりかえいたします

ISBN978-4-8233-0261-9 C0014
カバー YIUCHEUNG/Shutterstock.com
装丁・イラスト・写真(上記・パブリックドメインを除く)© 幸福の科学

## 大川隆法ベストセラーズ・救世の獅子吼

### 大川隆法　初期重要講演集 ベストセレクション①

**幸福の科学とは何か**

これが若き日のエル・カンターレの獅子《しし》吼《く》である――。「人間学」から「宇宙論」まで、幸福の科学の基本的思想が明かされた、初期講演集シリーズ第1巻。

1,980円

### 大川隆法　初期重要講演集 ベストセレクション②

**人間完成への道**

本書は「悟りへの道」の歴史そのものである――。本物の愛、真実の智慧、反省の意味、人生における成功などが分かりやすく説かれた「悟りの入門書」。

1,980円

### 大川隆法 東京ドーム講演集

**エル・カンターレ「救世の獅子吼」**

全世界から5万人の聴衆が集った情熱の講演が、ここに甦る。過去に11回開催された東京ドーム講演を収録した、世界宗教・幸福の科学の記念碑的な一冊。

1,980円

### 幸福の科学の十大原理 （上巻・下巻）

世界140カ国以上に信者を有する「世界教師」の初期講演集が新装復刻。幸福の科学の原点であり、いまだその生命を失わない救世の獅子吼がここに。

各1,980円

## 大川隆法ベストセラーズ・真実の悟りを求めて

### 永遠の仏陀

**不滅の光、いまここに**

すべての者よ、無限の向上を目指せ──。大宇宙を創造した久遠仏が、生きとし生ける存在に託された願いとは。

1,980円

### 信仰と情熱

**プロ伝道者の条件**

多くの人を救う光となるために──。普遍性と永遠性のある「情熱の書」、仏道修行者として生きていく上で「不可欠のガイドブック」が、ここに待望の復刻。

1,870円

### 真説・八正道

**自己変革のすすめ**

「現代的悟りの方法論」の集大成とも言える原著に、仏教的な要点解説を加筆して新装復刻。混迷の時代において、新しい自分に出会い、未来を拓くための書。

1,870円

### 悟りを開く

**過去・現在・未来を見通す力**

自分自身は何者であり、どこから来て、どこへ往くのか──。霊的世界や魂の真実、悟りへの正しい修行法、霊能力の真相等、その真髄を明快に説き明かす。

1,650円

※表示価格は税込10%です。

# 大川隆法ベストセラーズ・救世主と共に生きる

## 信仰の法

### 地球神エル・カンターレとは

さまざまな民族や宗教の違いを超えて、地球をひとつに──。文明の重大な岐路に立つ人類へ、「地球神」からのメッセージ。

2,200円

---

## われ一人立つ。大川隆法第一声

### 幸福の科学発足記念座談会

著者の宗教家としての第一声、「初転法《しょてんぼう》輪《りん》」の説法が待望の書籍化！ 世界宗教・幸福の科学の出発点であり、壮大な教えの輪郭が説かれた歴史的瞬間が甦る。

1,980円

---

## R・A・ゴール 地球の未来を拓く言葉

今、人類の智慧と胆力が試されている──。コロナ変異種拡大の真相や、米中覇権争いの行方など、メシア資格を有する宇宙存在が人類の未来を指し示す。

1,540円

---

## ウィズ・セイビア 救世主とともに

### 宇宙存在ヤイドロンのメッセージ

正義と裁きを司る宇宙存在が示す、地球の役割や人類の進むべき未来とは？ 崩壊と混沌の時代のなかで、宇宙人の側から大川隆法総裁の使命を明かした書。

1,540円

## 大川隆法シリーズ・最新刊

### ミャンマーに平和は来るか

**アウン・サン・スー・チー守護霊、ミン・アウン・フライン将軍守護霊、釈尊の霊言**

軍事クーデターは、中国によるアジア支配の序章にすぎない――。関係者たちへの守護霊インタビューと釈尊の霊言により、対立の本質と解決への道筋を探る。

1,540円

---

### トランプは死せず

**復活への信念**

戦いはまだ終わらない――。退任後も世界正義実現への強い意志を持ち続けるトランプ氏の守護霊が、復活への構想や、リーダー国家・アメリカの使命を語る。

1,540円

---

### 習近平思考の今

米大統領選でのバイデン氏当選後、習近平主席の考え方はどう変化したのか？中国の覇権拡大の裏にある「闇の宇宙存在」と世界侵略のシナリオが明らかに。

1,760円

---

### エル・カンターレ 人生の疑問・悩みに答える 病気・健康問題へのヒント

毎日を明るく積極的、建設的に生きるために――。現代医学では分からない「心と体の関係」を解き明かし、病気の霊的原因と対処法を示した質疑応答集。

1,760円

※表示価格は税込10%です。

## 大川隆法「法シリーズ」・最新刊

# 秘密の法

## 人生を変える新しい世界観

**法シリーズ 27作目**

あなたの常識を一新させ、世界がより美しく、喜びに満ちたものになるように――。降魔の方法や、神の神秘的な力、信仰の持つ奇跡のパワーを解き明かす。

**第1章 宗教の秘密の世界**
―― この世とあの世の真実を解き明かす

**第2章 霊障者の立ち直りについて**
―― ウィルス感染と憑依の秘密

**第3章 ザ・リアル・エクソシストの条件**
―― 悪魔祓いの霊的秘儀

**第4章 降魔の本道**
―― 世界を輝かせる法力とは

**第5章 信仰からの創造**
―― 人類の危機を乗り越える秘密

2,200円

**幸福の科学の中心的な教え――「法シリーズ」**

好評発売中！

幸福の科学出版

一度だけ、泣いた女。
美しき誘惑
〜現代の「画皮」〜
製作総指揮・原作／大川隆法
長谷川奈央　市原綾真　芦川よしみ　モロ師岡　矢部美穂　中西良太　デビット伊東　千眼美子（特別出演）　杉本彩　永島敏行
監督／赤羽博 音楽／水澤有一 脚本／大川咲也加 製作／幸福の科学出版 製作協力／ニュースター・プロダクション ARI Production
制作プロダクション／ジャンゴフィルム 配給／日活 配給協力／東京テアトル ©2021 IRH Press
2021年5月14日(金)ロードショー
utsukushiki-yuwaku.jp

正しき者よ、
戦え。
長編アニメーション映画
製作総指揮・原作 大川隆法
宇宙の法
エローヒム編
2021年秋 ROADSHOW

# 幸福の科学グループのご案内

**宗教、教育、政治、出版などの活動を通じて、地球的ユートピアの実現を目指しています。**

## 幸福の科学

一九八六年に立宗。信仰の対象は、地球系霊団の最高大霊、主エル・カンターレ。世界百四十カ国以上の国々に信者を持ち、全人類救済という尊い使命のもと、信者は、「愛」と「悟り」と「ユートピア建設」の教えの実践、伝道に励んでいます。

（二〇二一年三月現在）

### 愛

幸福の科学の「愛」とは、与える愛です。これは、仏教の慈悲《じひ》や布施《ふせ》の精神と同じことです。信者は、仏法真理をお伝えすることを通して、多くの方に幸福な人生を送っていただくための活動に励んでいます。

### 悟り

「悟り」とは、自らが仏の子であることを知るということです。教学《きょうがく》や精神統一によって心を磨き、智慧《ちえ》を得て悩みを解決すると共に、天使・菩薩《ぼさつ》の境地を目指し、より多くの人を救える力を身につけていきます。

### ユートピア建設

私たち人間は、地上に理想世界を建設するという尊い使命を持って生まれてきています。社会の悪を押しとどめ、善を推し進めるために、信者はさまざまな活動に積極的に参加しています。

国内外の世界で貧困や災害、心の病で苦しんでいる人々に対しては、現地メンバーや支援団体と連携して、物心両面にわたり、あらゆる手段で手を差し伸べています。

年間約２万人の自殺者を減らすため、全国各地で街頭キャンペーンを展開しています。

公式サイト **www.withyou-hs.net**

**自殺防止相談窓口**

受付時間　火～土:10～18時（祝日を含む）

TEL **03-5573-7707**　メール **withyou-hs@happy-science.org**

ヘレン・ケラーを理想として活動する、ハンディキャップを持つ方とボランティアの会です。視聴覚障害者、肢体不自由な方々に仏法真理を学んでいただくための、さまざまなサポートをしています。

公式サイト **www.helen-hs.net**

## 入会のご案内

幸福の科学では、大川隆法総裁が説く仏法真理《ぶっぽうしんり》をもとに、「どうすれば幸福になれるのか、また、他の人を幸福にできるのか」を学び、実践しています。

### 入会

**仏法真理を学んでみたい方へ**

大川隆法総裁の教えを信じ、学ぼうとする方なら、どなたでも入会できます。入会された方には、『入会版「正心法語《しょうしんほうご》」』が授与されます。

ネット入会　入会ご希望の方はネットからも入会できます。
**happy-science.jp/joinus**

### 三帰《さんき》誓願《せいがん》

**信仰をさらに深めたい方へ**

仏弟子としてさらに信仰を深めたい方は、仏《ぶっ》・法《ぽう》・僧《そう》の三宝《さんぽう》への帰依を誓う「三帰誓願式」を受けることができます。三帰誓願者には、『仏説・正心法語』『祈願文《きがんもん》①』『祈願文②』『エル・カンターレへの祈り』が授与されます。

幸福の科学 サービスセンター
TEL 03-5793-1727（受付時間／火～金：10～20時　土・日祝：10～18時（月曜を除く））

幸福の科学 公式サイト
happy-science.jp

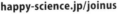

## 仏法真理塾「サクセスNo.1」

全国に本校・拠点・支部校を展開する、幸福の科学による信仰教育の機関です。小学生・中学生・高校生を対象に、信仰教育・徳育にウエイトを置きつつ、将来、社会人として活躍するための学力養成にも力を注いでいます。

TEL 03-5750-0751（東京本校）

## エンゼルプランV

東京本校を中心に、全国に支部教室を展開しています。信仰に基づいて、幼児の心を豊かに育む情操教育を行っています。また、知育や創造活動を通して、子どもの個性を大切に伸ばし、天使に育てる幼児教室です。

TEL 03-5750-0757（東京本校）

### 不登校児支援スクール「ネバー・マインド」

TEL 03-5750-1741

心の面からのアプローチを重視して、不登校の子供たちを支援しています。

### ユー・アー・エンゼル！（あなたは天使！）運動

障害児の不安や悩みに取り組み、ご両親を励まし、勇気づける、障害児支援のボランティア運動を展開しています。

一般社団法人 ユー・アー・エンゼル

TEL 03-6426-7797

### NPO活動支援

学校からのいじめ追放を目指し、さまざまな社会提言をしています。また、各地でのシンポジウムや学校への啓発ポスター掲示等に取り組む一般財団法人「いじめから子供を守ろうネットワーク」を支援しています。

公式サイト mamoro.org　ブログ blog.mamoro.org

相談窓口 TEL.03-5544-8989

---

## 百歳まで生きる会

「百歳まで生きる会」は、生涯現役人生を掲げ、友達づくり、生きがいづくりをめざしている幸福の科学のシニア信者の集まりです。

## シニア・プラン21

生涯反省で人生を再生・新生し、希望に満ちた生涯現役人生を生きる仏法真理道場です。定期的に開催される研修には、年齢を問わず、多くの方が参加しています。

全世界212カ所（国内197カ所、海外15カ所）で開校中。

【東京校】 TEL 03-6384-0778　FAX 03-6384-0779

メール senior-plan@kofuku-no-kagaku.or.jp

# 幸福実現党

内憂外患《ないゆうがいかん》の国難に立ち向かうべく、2009年5月に幸福実現党を立党しました。創立者である大川隆法党総裁の精神的指導のもと、宗教だけでは解決できない問題に取り組み、幸福を具体化するための力になっています。

幸福実現党 釈量子サイト **shaku-ryoko.net**
Twitter **釈量子@shakuryoko**で検索

党の機関紙
「幸福実現党NEWS」

## 幸福実現党 党員募集中

**あなたも幸福を実現する政治に参画しませんか。**

- ○幸福実現党の理念と綱領、政策に賛同する18歳以上の方なら、どなたでも参加いただけます。
- ○党費：正党員（年額5千円［学生 年額2千円］）、特別党員（年額10万円以上）、家族党員（年額2千円）
- ○党員資格は党費を入金された日から1年間です。
- ○正党員、特別党員の皆様には機関紙「幸福実現党NEWS（党員版）」（不定期発行）が送付されます。

＊申込書は、下記、幸福実現党公式サイトでダウンロードできます。
住所：〒107-0052 東京都港区赤坂2-10-8 6階 幸福実現党本部
TEL **03-6441-0754** FAX **03-6441-0764**
公式サイト **hr-party.jp**

**出版　メディア　芸能文化**　幸福の科学グループ

# 幸福の科学出版

大川隆法総裁の仏法真理の書を中心に、ビジネス、自己啓発、小説など、さまざまなジャンルの書籍・雑誌を出版しています。他にも、映画事業、文学・学術発展のための振興事業、テレビ・ラジオ番組の提供など、幸福の科学文化を広げる事業を行っています。

アー・ユー・ハッピー？
**are-you-happy.com**

ザ・リバティ
**the-liberty.com**

幸福の科学出版
TEL **03-5573-7700**
公式サイト **irhpress.co.jp**

THE FACT
**ザ・ファクト**
マスコミが報道しない「事実」を世界に伝えるネット・オピニオン番組

ザ・ファクト　検索

NEW STAR PRODUCTION

# ニュースター・プロダクション

「新時代の美」を創造する芸能プロダクションです。多くの方々に良き感化を与えられるような魅力あふれるタレントを世に送り出すべく、日々、活動しています。 公式サイト **newstarpro.co.jp**

ARI Production

# ARI《アリ》 Production《プロダクション》

タレント一人ひとりの個性や魅力を引き出し、「新時代を創造するエンターテインメント」をコンセプトに、世の中に精神的価値のある作品を提供していく芸能プロダクションです。 公式サイト **aripro.co.jp**

# 大川隆法　講演会のご案内

大川隆法総裁の講演会が全国各地で開催されています。講演のなかでは、毎回、「世界教師」としての立場から、幸福な人生を生きるための心の教えをはじめ、世界各地で起きている宗教対立、紛争、国際政治や経済といった時事問題に対する指針など、日本と世界がさらなる繁栄の未来を実現するための道筋が示されています。

020 年 12 月8 日 さいたまスーパーアリーナ
"With Savior"(ウィズ・セイビア)―救世主と共に―」

2019年10月6日 ザ ウェスティン ハーバーキャッスル トロント(カナダ)
「The Reason We Are Here」

2019 年 12 月 17 日 さいたまスーパーアリーナ
「新しき繁栄の時代へ」

2019 年3月3日 グランド ハイアット 台北(台湾)
「愛は憎しみを超えて」

2019年7月5日 福岡国際センター
「人生に自信を持て」

講演会には、どなたでもご参加いただけます。
最新の講演会の開催情報はこちらへ。⟹

大川隆法総裁公式サイト
https://ryuho-okawa.org